Alain Morley



# Radtouren im Elsaß

Illustration
Bruno Salamone

Karten Infographie DNA
Aus dem Französischen von Ursula Kauß

EDITION DNA

DNA TASCHENFÜHRER
ELSASS, BAND 212

GESAMTPROJEKTLEITUNG : BERNARD REUMAUX


ORIGINALAUSGABE : "L'ALSACE À VÉLO", IM GLEICHEN VERLAG

DRUCK : IMPRIMERIE SAINT-PAUL, BAR-LE-DUC
ISBN 2-7165-0182-3

# Vorwort

*Eine Gegend mit dem Fahrrad zu erforschen, hat seinen eigenen Reiz. Das gilt auch und besonders für das Elsaß.*

*Der flächenmäßig recht kleine, dafür aber dicht besiedelte Landstrich am Oberrhein ist mit etwa tausend Städten und Dörfern übersät, die meist nur zwei oder drei Kilometer auseinanderliegen. Ein dicht verzweigtes Netz verkehrsarmer Nebenstraßen, eine ungewöhnliche Vielfalt an Landschaften von den Vogesengipfeln bis zu den Ufern des Rheins sowie eine Vielzahl kulturhistorischer Sehenswürdigkeiten machen die Region zu einem wahren Paradies für Radfahrer aller Art.*

*Einen besonderen Anreiz zu einer Entdeckdungsreise mit dem Rad bieten dabei die von den örtlichen Straßenbaubehörden (DDE) ausgeschilderten Radwanderstrecken (meist ruhige Departementalstraßen), die Routen des französischen Radwanderverbands, die Angebote der jeweiligen Fremdenverkehrsämter sowie das umfangreiche Radwegenetz in Straßburg und Umgebung.*

*Die Vogesen entwickeln sich in der letzten Zeit immer mehr zum bevorzugten Ziel der Mountain-Biker. Leider fehlt es hier jedoch oft noch an einer einheitlichen und klaren Beschilderung, die nur durch eine bessere Koordination zwischen den Gemeinden, den Naturparks, den Radsportvereinen und dem Vogesenclub zustandekommen kann.*

*Grob gesehen kann das Elsaß in fünf, zum Radfahren besonders geeignete Gebiete eingeteilt werden: das Münstertal und die Nordvogesen für Mountain-Biker, die Hügellandschaft des Kochersbergs und Ackerlands nordwestlich von Straßburg für sportliche Radfahrer, die Ufer des Breuschkanals für Ausflüge von Straßburg aus sowie das ausgedehnte mittelelsässische Flachland für geruhsame und einfache Touren durch das Ried und die Ebene zwischen Rhein und Ill.*

*Erholung, Ruhe, etwas Sport und Kultur, genau das soll Ihnen dieser Radführer mit seinen teilweise völlig neu erarbeiteten Tourenvorschlägen bieten, die Sie meist abseits der ausgetretenen Touristenpfade in weniger bekannte, unberührte Gegenden des Elsaß führen.*

*Gute Fahrt*

## In der gleichen Reihe

# Die schönsten Wanderungen in den Vogesen

58 kurze, angenehme und ausführlich beschriebene Wanderungen zu den schönsten Vogesengipfeln mit den jeweiligen Einkehrmöglichkeiten

## Die richtige Ausrüstung

Für eine Radtour am geeignetsten ist selbst für Frauen ein Rad mit Herrenrahmen, denn dieser ist stabiler und damit sicherer, was sich vor allem auf abschüssigen Strecken vorteilhaft bemerkbar macht. Bei den Reifen sind Draht- den Schlauchreifen vorzuziehen, wichtig ist außerdem ein gutes Schutzblech. Der Sattel sollte aus Leder sein und als Lenkstange eignet sich am besten ein Rennlenker mit drei verschiedenen Griffpositionen. Weiter ist es ratsam, zwei Flaschenhalter am Rahmen anzubringen und zwei Ersatzschläuche sowie eine Werkzeugtasche mitzunehmen. Nicht zu vergessen auch Ersatzbirnen für die Beleuchtung vorne und hinten, vor allem bei Nebel und Regen.

Als zusätzliche Ausrüstung wichtig sind Reflektoren in den Rädern und auf den hinteren Gepäcktaschen sowie eine gut funktionierende, hörbare Klingel. Nützlich sein kann auch ein Kilometerzähler.

Für längere Touren ist ein Mehrgangrad zu empfehlen. Die verschiedenen Einstellungen geben die Möglichkeit, die Geschwindigkeit besser der eigenen Leistungsfähigkeit anzupassen und Steigungen leichter zu überwinden.

Praktisch ist auch eine Gepäcktasche am Lenker mit einem Kartenfach. Als Ergänzung zum vorliegenden Führer eignen sich am besten die IGN-Karte N°12 und 31 (grüne Serie) sowie die Michelin-Karte N°87.

## Einige praktische Tips

Als Radfahrer muß man in erster Linie für die anderen Verkehrsteilnehmer gut sichtbar sein. Am geeignetsten ist deshalb Kleidung in leuchtenden Farben. Dies gilt auch für den Regenponcho, bei dem Gelb und Orange unbedingt dem immer noch oft verwendeten Grau vorzuziehen sind. Zusätzliche Sicherheit bieten neonfarbene, reflektierende Arm- und Fußbänder.

Praktisch sind außerdem Handschuhe aus weichem Leder, eine Sonnenbrille und eine Hose mit einem weichen Ledereinsatz (am besten Gamsleder), der ein Wundscheuern verhindert. Die Füße atmen am besten in Socken aus reiner Baumwolle und vor der glühenden Sonne schützt eine Stoffmütze.

Wer sich für ein Radrennfahrertrikot entscheidet, sollte darauf achten, daß es die Nieren bedeckt. Bei den Schuhen ist ein kleiner Absatz wichtig, damit man auch einmal ein paar Meter zu Fuß gehen kann.

Ene gute Organisation ist das A und O einer Tour. Die ausgewählte Strecke wird am besten mit Hilfe des vorliegenden Führers und einer Straßenkarte vorbereitet, auf der verschiedene Markierungspunkte wie Kirchen, Kapellen, historische Bauwerke, Wassertürme, Bahnhöfe, Brücken oder Forsthäuser ausgesucht werden, anhand derer man sich orientieren und vergewissern kann, daß man sich auf dem richtigen Weg befindet.

Beim Überqueren der Hauptverkehrsstraßen ist besondere Vorsicht geboten. Außerdem sollte man Rücksicht auf die Umwelt nehmen und keine Abfälle hinterlassen.

Vorsicht auch in den Fußgängerzonen der Innenstädte, deren Straßen oft mit Kopfsteinpflaster versehen sind.

## Weitere Informationen zum Thema Radwandern

- *Fédération Française de Cyclotourisme*
  *(Französischer Radwanderverband)*
  *8, rue Jean-Marie Jego 75013 Paris*
  *Tel.: 16 1 45 80 30 21*
  *(2500 Clubs/100.000 Mitglieder)*

- *Ligue d'Alsace de la FFCT*
  *(Elsässische Liga des Verbands)*
  *Präsident: Jean Siry*
  *2, rue de Wattwiller*
  *68120 Richwiller*
  *Tel.: 89 55 30 00*
  *(70 Clubs/2400 Mitglieder)*

Mountain-Bike/Sport/Freizeit: 88.95.85.12
Termine Radwanderungen: 89.55.30.00

## In der gleichen Reihe

# Die schönsten Bauern- und Berggasthöfe in den Vogesen

Eine Auswahl der gemütlichsten und ursprünglichsten Bauern- und Berggasthöfe in den Vogesen, in denen Wanderer wie auch sonstige Ausflügler nur allzu gerne einkehren

## Einige einfache und sichere Übungsstrecken

- Radweg von Sélestat nach Kintzheim
- Radweg von Erstein-West zum Ortsteil Erstein-Gare (Bahnhof)
- Radweg von Holtzheim nach Lingolsheim (Realschule CES)
- in Guebwiller Radweg zwischen der Rue de l'Electricité und der Realschule CES
- in Colmar die Radwege in der Rue Roesselmann, der Rue Kléber und der Rue des Unterlinden.sowie in der Fußgängerzone, in der Radfahren gestattet ist.

## Fernradwege

Längere Radwege gibt es am Ufer des Rhein-Marne-Kanals zwischen Straßburg und Saverne, des Rhein-Rhone-Kanals zwischen Straßburg,Marckolsheim und Mulhouse, des Saarkohlekanals zwischen Hinsingen und Diedendorf im Nordelsaß sowie auf den stillgelegten Bahndämmen zwischen Obermodern und Dossenheim-sur-Zinsel sowie zwischen Haguenau und Lembach.

Zwischen Wissembourg und Lauterbourg existiert ein 26 km langer deutsch-französicher Radweg, der über die Bienwaldmühle führt. Ein weiterer grenzüberschreitender Radweg ist zwischen Seltz und Rastatt geplant.

## Saverne-Lutzelbourg

Ein 11km langer Radweg führt am Rhein-Marne-Kanal entlang von Saverne nach Lutzelbourg. Mit seinem regen Schiffsverkehr (Lastkähne und Freizeitboote), den typischen Schleusenwärterhäuschen, den Resten alter Industriebetriebe und seiner besonderen Uferflora und -fauna vermittelt er einen sehr interessanten Eindruck vom Leben an einem Kanal. Darüber hinaus führen einige der angrenzenden Waldwege zu landschaftlich reizvollen Stellen bzw. einer der Burgruinen der Gegend. Und etwas weiter in Saint-Louis/Arzviller gibt es auf dem Lastkahn Sophie-Marie ein Schifffahrtsmuseum. Dieses ist von Lutzelbourg aus über die D 98 zu erreichen (3km).

## Eine Strecke für sportliche Radfahrer vor den Toren Straßburgs

Ein Parcours für sportliche Radfahrer nicht weit vom Straßburger Stadtzentrum entfernt führt von der evangelischen Kirche Oberhausbergen aus über die Rue de la Colline, die Route des Forts (Frère,Foch, Ducrot) zur ehemaligen Wehrkirche in Mundolsheim.

Die ganz sportlichen Radfahrer kehren auf dem gleichen Weg zur Stadt zurück, wer es gemütlicher mag, fährt über die Rue du Dépôt, die Rue du Triage und die Rue Saint-Junien am Rangierbahnhof Hausbergen entlang bis zum Radweg in der Rue de Hochfelden, der das sozio-kulturelle Zentrum Cronenbourg mit dem Boulevard du Président Wilson (in der Nähe des Straßburger Einkaufszentrums "Les Halles" ) verbindet.

## Ein kurzer Abstecher zu den deutschen Nachbarn auf der anderen Seite des Rheins

Direkt nach der Europabrücke führt ein Radweg am Rheinufer entlang gen Süden, ein anderer verläuft in nördlicher Richtung auf dem Kinzigdamm von Kehl nach Auenheim.

In östlicher Richtung kann Kehl mit Hilfe des Radwegs in der Straßburger Straße und der Kinzigallee umfahren werden. Der Radweg führt anschließend an der Siedlung Sölling entlang, bevor er nach rechts zur Vogesenstraße und zum Rheinstadion abbiegt. Diese Radwege bieten eine gute Möglichkeit, Kehl und Umgebung mit dem Rad zu erforschen. Weitere Radwege auf der deutschen Seite beginnen am Grenzübergang Rhinau (Fähre) und Marckolsheim (Wasserkraftwerk) sowie im Norden in Wissembourg und Lauterbourg.

## Radfahren in Straßburg

Mit 105 Kilometer besitzen Straßburg und die umliegenden Gemeinden das längste Radwegenetz Frankreichs, jedes 6. Fahrzeug in der Europastadt ist ein Fahrrad. Im Stadtzentrum war davon jedoch bisher nicht viel zu merken. Radwege waren hier Mangelware, so daß Radfahren zu einem riskanten Unterfangen wurde. Dies dürfte sich indes im Zuge der geplanten Verkehrsberuhigung der Innenstadt mit der Erweiterung der Fußgängerzonen und der Anlegung neuer Radwege ändern.

Sehr gut ausgebaut ist bereits seit einigen Jahren das Radwegenetz zwischen Straßburg und den verschiedenen Vororten bzw. Naherholungsgebieten am Stadtrand. Dazu zählt z.B. der Robertsauer Forst mit seinen herrlichen Auwäldern zwischen Bussière-Bauernhof, Schloß Pourtalès und Fuchs am Buckel, die an Sonn- und Feiertagen scharenweise Spaziergänger und Radfahrer anlocken.

Am entgegengesetzten südlichen Ende des Stadtgebiets liegt der Neuhöfler Wald, der vom Stadtteil Stockfeld oder dem südlichen Teil des Rheingartens bei der Universität Illkirch zu erreichen ist. Er ist von einem wahren Labyrinth von Waldwegen durchzogen, die für Spaziergänger und Radfahrer gleichermaßen geeignet sind.

Zu einem beliebten Ausflugsziel hat sich auch der Breuschkanal entwickelt. Zwischen Straßburg (Zufahrt über die Montagne-Verte) und Wolxheim wurde der Uferpfad des Kanals zu einem wunderschönen Spazier- und Radweg ausgebaut, der an schmucken Bauerndörfern vorbei mitten ins Grüne führt.

# Zufahrten zu den Routen 16-18 und 21

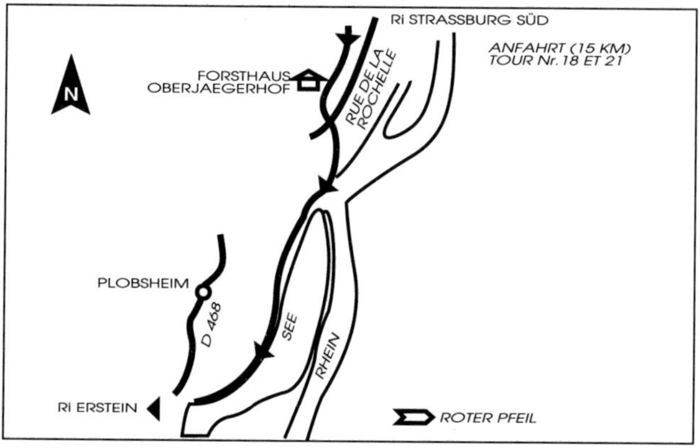


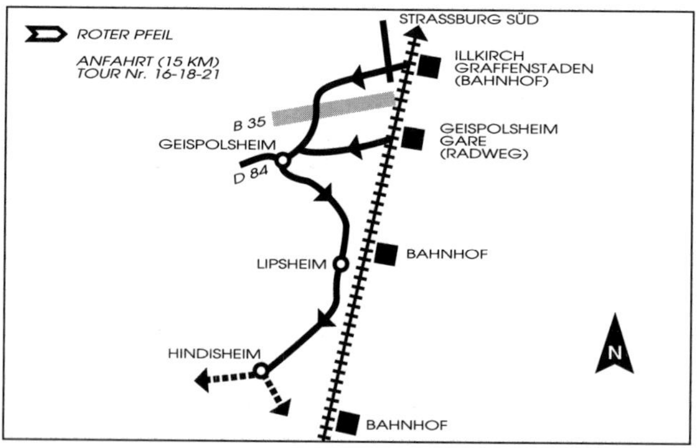

**Fahrradverleih in Straßburg und Umgebung**

Zentrum : *Kroely&Cie, 22, Rue du Faubourg de Pierre,*
*✆ 88.22.38.38*
*Go Sport, Einkaufszentrum Les Halles, ✆ 88.22.23.98*

*Neudorf : Jacht, 147, Route du Polygone , ✆ 88.34.07.55*

*Bahnhof (Gare SNCF) : ✆ 88.32.48.12*

*Illkirch-Graffenstaden : Trigano, Route du Rhin, ✆ 88.66.19.10*

*Geispolsheim-Gare : Gitane, 8, Rue du Fort, ✆ 88.66.61.31*

**50 Rundfahrten für jedes Niveau**
**500 Städte und Dörfer erkunden**
**2500 km in der Ebene und in den Bergen**

## Zeichenerklärung

Ausgangs- und Endpunkt
Streckenverlauf
Norden
Von der DDE ausgeschilderte Strecke
Größere Stadt
Paßhöhe
Kapelle/Kirche
Ruine
Forsthaus

# 1 Rund um Wissembourg/Weissenburg

## *Die malerischen Dörfer im Nordelsaß*

**— 47km —**
**— Leicht hügelig —**

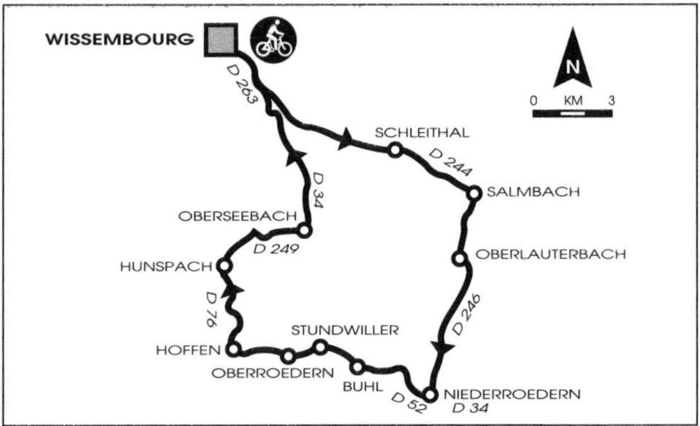


| km | Strecke | Sehenswürdigkeiten |
|---|---|---|
| 0 | | **WISSEMBOURG/WEISSENBURG**: Peter- und Paulskirche 13./14. Jh. - Ev. Pfarrkirche St. Jean 13./15. Jh. - Quai Anselmann - Reste der Stadtmauer - Musée Westercamp (Heimatmuseum) |
| 8 | D263 D244 | **SCHLEITHAL**: längstes elsässisches Straßendorf (4 km) - zahlreiche Fachwerkhäuser aus dem 18./19. Jh. - Pfarrkirche mit gotischem Chorraum und Turm aus dem 15. Jh. |
| 12 | D244 | **SALMBACH**: Fachwerkdorf mit üppigem Blumenschmuck |
| 15 | D246 | **OBERLAUTERBACH**: typisch nordelsässische Fachwerkhäuser |
| 21 | D246 | **NIEDERRROEDERN**: Simultankirche von 1765 - Orgel und Kanzel aus dem 18. Jh. - Grabstein von 1617 - Rathaus - Fachwerkhäuser aus dem 18. Jh. - Geburtshaus von Goethes Verlobter Friederike Brion in der Rue principale Nr. 27 |
| 25 | D34/D52 | **BUHL**: einige alte Häuser und kleinere Überreste der Maginot-Linie |
| 27 | D52 | **STUNDWILLER**: Kirche mit romanischem Turm und gotischem Kirchenschiff - typische Fachwerkhäuser |

| km | Strecke | Sehenswürdigkeiten |
|---|---|---|
| 28 | D52 | **OBERROEDERN**: alte Mühle - alte Häuser - Kasematten der Maginot-Linie |
| 31 | D52 | **HOFFEN**: schönes Rathaus - Fachwerkhäuser - Mühlen - Freiheitslinde - Ziehbrunnen |
| 34 | D76 | **HUNSPACH**: reizvolles Fachwerkdorf mit einheitlich weiß-braunen Häusern - Brunnen in den offenen Innenhöfen - Orgelgehäuse aus dem 18. Jh. in der ev. Kirche - Wirtshaus- und Ladenschilder - Kasematten der Maginot-Linie |
| 39 | D249 | **OBERSEEBACH**: Zahlreiche große Fachwerkbauernhöfe - Rathaus - Kirche mit gotischem Chorraum und Turm |
| 47 | D34<br>D263 | Rückfahrt nach **WISSEMBOURG**<br>über den Weiler **GEITERSHOF** |

***Die Bauernhöfe im Nordelsaß***

*Die Wohn- und Wirtschaftsgebäude sind hufeisenförmig um den kopfsteingepflasterten Innenhof angeordnet. Ein niedriger Zaun grenzt das Anwesen zur Straße hin ab. An den einzelnen Gebäuden fällt vor allem das überaus reiche, sehr dunkle Fachwerk auf.*
*Zu beachten auch die verzierten Eckständer, die zwiebelförmigen Türrahmenabschlüsse an manchen Häusern sowie die Pumpenschwengel der alten Brunnen in den Innenhöfen.*

# 2 Rund um Wissembourg/Weissenburg

## *Drei-Pässe-Tour*

**— 41km —**
**— Gebirgig —**

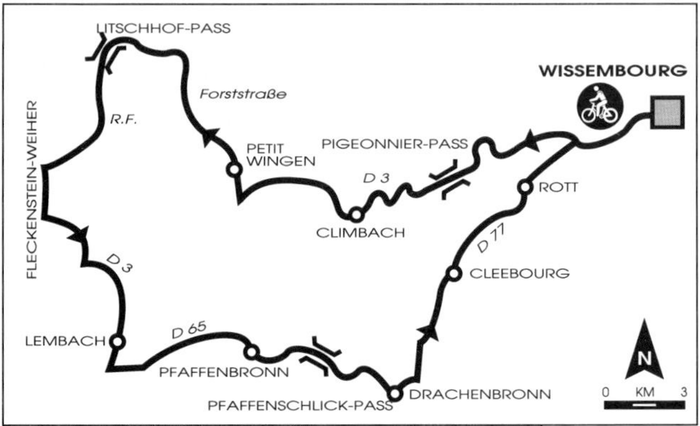


ANFAHRT MIT DEM ZUG BIS ZUM BAHNHOF WISSEMBOURG

| km | Strecke | Sehenswürdigkeiten |
|---|---|---|
| 0 | | **WISSEMBOURG/WEISSENBURG**: s. Tour Nr. 1 |
| 5 | D77 D3 | **Paßhöhe des COL DU PIGEONNIER** (432m): schöne Aussicht auf das nördliche Elsaß - herrliches Panorama vom Scherholturm (506m) |
| 8 | D3 | **CLIMBACH**: Vogesendorf - ev. Pfarrkirche von 1788 - Überreste einer gotischen Kapelle |
| 12 | Forststraße | **PETIT-WINGEN**: Weiler - Ruinen der mittelalterlichen Festungen Hohenburg und Löwenstein (13.Jh.) |
| 16 | Forststraße | **LITSCHHOF-Paßhöhe** (337m): Dentelbach-Tal - Fleckenstein-Weiher (Bademöglichkeit)- Burg Fleckenstein 2 km weiter nördlich |
| 24 | Forststraße D3 | **LEMBACH**: alte Häuser - Kanzel (Lebensbaum) in der Pfarrkirche - wichtige Befestigungsanlage der Maginot-Linie (der für die Öffentlichkeit zugängliche Kalkofen bzw. Four à Chaux) |
| 27 | Forststraße D65 | **PFAFFENBRONN** (326m): Weiler - schönes Waldgebiet mit alten Kastanienbäumen (Vieux-Pfaffenbronn) |

| km | Strecke | Sehenswürdigkeiten |
| --- | --- | --- |
| 29 | D65 | **Paßhöhe PFAFFENSCHLICK** (375m): umfangreiche Befestigungsanlage der Maginot-Linie in der Nähe (Zutritt verboten) |
| 31 | D65 | **DRACHENBRONN**: Fachwerkhäuser - Richtung Lobsann (D77) Bauerngasthof "Moulin des Sept Fontaines" |
| 35 | D77 | **CLEEBOURG**: Winzerdorf mit engen Gäßchen - Fachwerkhäuser - zweibrückisches Amtshaus (18. Jh.) - interessante Kellereingänge - gotischer Kirchturm - Weinstraße |
| 38 | D77 | **ROTT**: Winzerdorf - Kirche von 1762 - alter, befestigter Friedhof - Fachwerkhäuser - Roetzmühle - Weinstraße |
| 41 | D77 | Rückfahrt nach **WISSEMBOURG** über den Weiler **GEISBERG** |

***Cleebourg-Oberhoffen-Rott-Steinseltz: ein Ableger der elsässischen Weinstraße***

*In der Gegend von Cleebourg wurde 1845 das erste Flurbereinigungsverfahren der französischen Weinanbaugebiete durchgeführt.*
*Die Genossenschaftskellerei stammt aus dem Jahre 1946.*
*Empfehlenswerte Weine:*

- *Pinot blanc Kirchberg*
- *Tokay Brandhof*
- *Pinot noir Huettgasse*
- *Gewürztraminer Reifenberg*

# 3 Rund um Wissembourg/Weissenburg

## *Auf den Spuren des Deutsch-Französischen Kriegs*

— 52km —
— Hügelig —

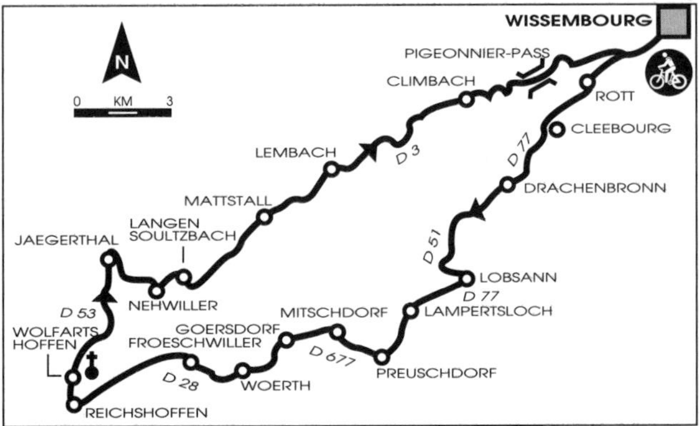


**Anfahrt mit dem Zug bis zum Bahnhof Wissembourg**

| km | Strecke | Sehenswürdigkeiten |
|---|---|---|
| 0 | | **WISSEMBOURG/WEISSENBURG**: s. Tour Nr. 1 |
| 3 | D77 | **ROTT**: s. Tour Nr. 2 |
| 6 | D77 | **DRACHENBRONN**: s. Tour Nr.2 |
| 10 | D77 D51 | **LOBSANN**: ehemalige Erdpechgrube - Schloß aus dem 19. Jh. |
| 12 | D77 | **LAMPERTSLOCH**: alte Fachwerkhäuser - Pfarrkirche mit gotischem Portal und teilweise romanischem Turm - schönes Orgelgehäuse aus dem 18. Jh. |
| 13 | D77 | **PREUSCHDORF**: Fachwerkhäuser - Pfarrhaus von 1774 - Simultankirche mit Barocktabernakel - alte Mühlen |
| 14 | D677 | **MITSCHDORF**: Wandmalerei in dem Turm (15. Jh.) der ev. Pfarrkirche |
| 15 | D677 | **GOERSDORF**: ev. Kirche aus dem 14. Jh. - Portal (gotische Freske) des ehemaligen befestigten Friedhofs - schöne Aussicht von der Terrasse (Zedern) des Liebfrauenbergs |
| 17 | D677 D28 | **WOERTH**: Museum zur Schlacht vom 6. August 1870 im Schloß - ev. Barockkirche - alte Häuser - Gedenkstätten zur Schlacht von 1870 |

| km | Strecke | Sehenswürdigkeiten |
|---|---|---|
| 19 | D28 | **FROESCHWILLER**: Schloß aus dem 18. und 19. Jh. - Grabsteine des Adelsgeschlechts von Durckheim (17. Jh.) bei der lutherischen Kirche - alte Fachwerkhäuser - Kriegsdenkmäler |
| 23 | D28 | **REICHSHOFFEN**: von Massol erbautes Schloß aus dem 18. Jh.- bemerkenswerte Kirche aus dem 18. Jh. - Reste der Stadtmauer - Eisenmuseum |
| 24 | D53 | **WOHLFAHRTSHOFFEN**: Kapelle mit gotischem Turm und Chor-Altar von 1690 |
| 28 | D53 | **JAEGERTHAL**: herrliches Vogesental - Schloß und ehemalige Gießerei De Dietrich |
| 31 | D121 | **NEHWILLER**: schöne Fachwerkhäuser - alte Römerstraße |
| 33 | Forststraße | **LANGENSOULTZBACH**: gallorömische Überreste (Kirchenmauer) - alte Fachwerkhäuser |
| 36 | Forststraße | **MATTSTALL**: Schloß - Maginot-Linie - schöne Säulen an der Kirche |
| 39 | Forststraße | **LEMBACH**: s. Tour Nr. 2 |
| 44 | D3 | **CLIMBACH**: s. Tour Nr. 2 |
| 47 | D3 | **Paßhöhe COL DU PIGEONNIER**: s. Tour Nr. 2 |
| 52 | D3 | Rückfahrt nach **WISSEMBOURG**: s. Tour Nr.1 |

***Schauplätze und Gedenkstätten des Deutsch-Französischen Kriegs 1870/71***

*Weissenburg-Geisberg-Schafbusch (4.8.1870): Schlacht zwischen General Abel Douays 2. frz. Division, Graf von Bothmers bayrischer Division und dem 5. preussischen Armeekorps.*
*Froeschwiller-Elsasshausen-Woerth (6.8.1870): Schlacht zwischen der 35.000 Mann starken Armee MacMahons und den 140.000 Soldaten der preussischen Armee.*

# 4 Rund um Lauterbourg/Lauterburg

## *Das nordelsässische Ried*

— 37km —
— Eben —

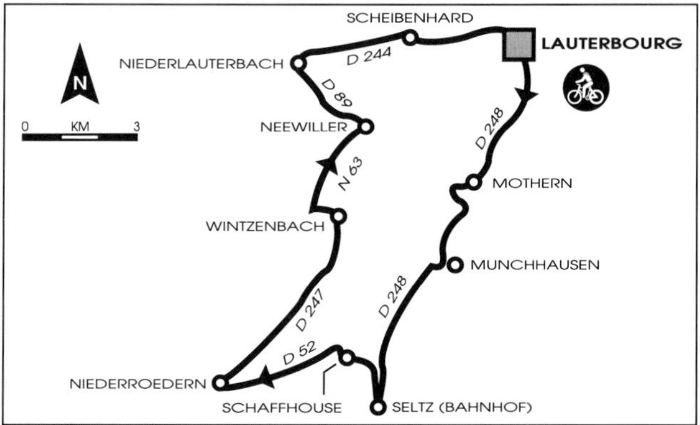


**Anfahrt mit dem Zug bis zum Bahnhof Lauterbourg**

| km | Strecke | Sehenswürdigkeiten |
|---|---|---|
| 0 | | **LAUTERBOURG/LAUTERBURG**: Rathaus (18. Jh.) - alte Häuser - ehemaliges bischöfliches Schloß (18. Jh.) - Barocktor Porte de Landau (18. Jh.) - Dreifaltigkeitskirche - Reste der Stadtbefestigungen |
| 5,5 | D248 | **MOTHERN**: ehemaliges Fischer- und Binnenschifferdorf - schöne alte Fachwerkhäuser - Kirche aus dem 18. Jh. |
| 6,5 | D248 D80 | **MUNCHHAUSEN**: ehemaliges Fischerdorf - Fachwerkhäuser - neoklassizistische Kirche |
| 13 | D248 N63 | **SELTZ**: neoklassizistisches Rathaus (1850) - moderne Kirche mit Resten der alten gotischen Kirche (Grabplatten) - alte Häuser |
| 14 | N63 D128 | **SCHAFFHOUSE-PRES-SELTZ**: schöne Häuser - Kirche aus dem 19. Jh. |

| km | Strecke | Sehenswürdigkeiten |
|---|---|---|
| 18 | D52 | **NIEDERROEDERN**: s. Tour Nr. 1 |
| 24 | D247 | **WINTZENBACH**: gemischte Kirche - Fachwerkhäuser |
| 27 | N63 | **NEEWILLER**: gemischte Kirche - typisch nordelsässische Häuser |
| 30 | D89 | **NIEDERLAUTERBACH**: Kirche (1760) mit mittelalterlichem Turm und Chorraum - Fachwerkhäuser |
| 33 | D244 | **SCHEIBENHARD**: Kirche von 1962 - Fachwerkhäuser |
| 37 | D3 | Rückfahrt nach **LAUTERBOURG** (schattige Gartenwirtschaften am Rheinufer) |

***Riedlandschaften***

*Im Elsaß bezeichnet der Begriff Ried die Rheinauen mit ihren üppigen Bruchwäldern und Feuchtwiesen. Die Altrheinarme, die vom Grundwasser gespeist werden und daher nicht zufrieren, sind ein beliebter Überwinterungsort für Zugvögel. Die Sauermündung stellt ein typisches Beispiel für diese immer seltener werdenden Naturlandschaften dar.*

# 5 Rund um Haguenau/Hagenau

## *Der heilige Wald (Westteil)*

— 46km —
— Eben —

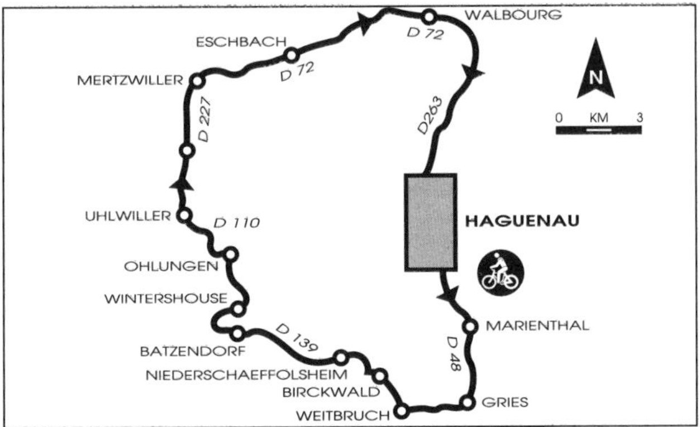


ANFAHRT MIT DEM ZUG BIS ZUM BAHNHOF HAGUENAU

| km | Strecke | Sehenswürdigkeiten |
|---|---|---|
| 0 | | **HAGUENAU/HAGENAU**: Kirche Saint-Georges (12./16. Jh.) - Kirche St. Nicolas (13./15. Jh.) - Elsässisches Museum - Historisches Museum - Fleckensteiner Hof (16. Jh.) - Ritterturm - Weissenburger Tor (14. Jh.) - Renaissance-Häuser - Fischertor und -brücke (13. Jh.) - Königsburger Hof |
| 5 | D48 | **MARIENTHAL**: Marienwallfahrtsort: Votivbilder, Statuen, Gemälde, hl. Grab (16. Jh.) |
| 8,5 | D48 | **GRIES**: alte Häuser - mittelalt. Turmhügel- Silbermannorgel in der Kirche (1779) |
| 11,5 | | **WEITBRUCH**: Fachwerkhäuser - Darstellung der Geschichte der Reformation auf den Fenstern der ev. Kirche (1875) |
| 13,5 | | **BIRCHWALD** (Weiler) |
| 15,5 | D139 | **NIEDERSCHAEFFOLSHEIM**: eindrucksvolle elsässische Bauernhöfe (19. Jh.) - schöne Portale wie z.B. in der 37, Rue de l'Eglise - Kirche aus dem Jahre 1747 mit Kanzel von 1784 und bemalten Heiligenfiguren |
| 17 | D139 | **BATZENDORF**: Kirche von 1782 - Kreuzweg - alte Häuser |

| km | Strecke | Sehenswürdigkeiten |
|---|---|---|
| **18** | | **WINTERSHOUSE**: Fachwerkhäuser - Kirche mit Altar aus dem Kloster Neuburg - romanischer Kirchturm mit Satteldach aus dem 12. Jh. |
| **20** | | **OHLUNGEN**: Barockkirche - Kalvarienberge - Kloge-Kapelle - alte Häuser |
| **22** | **D110** | **UHLWILLER**: Rathaus im Neorenaissance-Stil - alte Fachwerkbauernhöfe - seltene Fachwerkkirche in Niederaltdorf |
| **24** | **D227** | **NEUBOURG**: Tor des ehemaligen Klosters - alte Fachwerkhäuser - Kalvarienberg |
| **27** | **D227** | **MERTZWILLER**: romanische Überreste in der Kirchenmauer von 1785 - Mühlrad - Erdölmuseum |
| **32** | **D72** | **ESCHBACH**: alte Fachwerkhäuser |
| **35,5** | **D72** | **WALBOURG**: Straßendorf - Priesterseminar mit Park (seltene Baumarten) - Klosterkirche (11./15. Jh.): Fenster, Holztäfelung, Heiligenfiguren und Wandmalereien |
| **46** | **Forststraße D263** | Rückfahrt durch den Wald nach **HAGUENAU** |

***Der Hagenauer Forst***

*(Pflanzenlehrpfad Gros Chêne/Dicke Eiche)*

*Mit seinen 15.000 ha Fläche ist der Hagenauer Forst eines der größten Waldgebiete Frankreichs.*

*Als Baumarten zu finden sind hier u.a. Weiß- und Rotbuchen, Eichen, Erlen, Ulmen, Birken, Weymouth-Kiefern, Roteichen und Föhren.*

# 6 Rund um Haguenau/Hagenau

## *Der heilige Wald (Ostteil) und die Töpferdörfer*

**— 73km —**
**— Eben —**

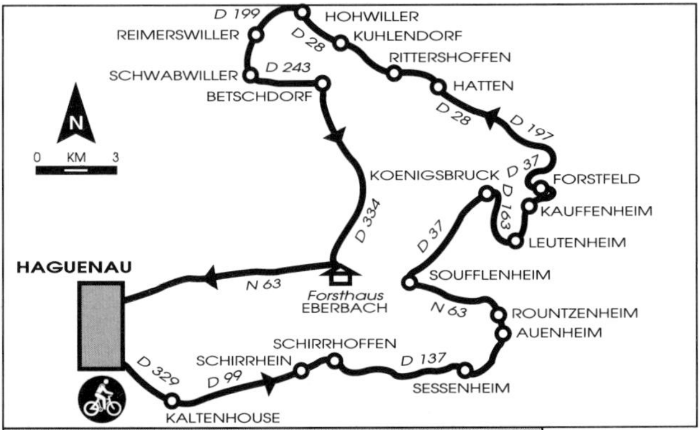


**Anfahrt mit dem Zug bis zum Bahnhof Haguenau**

| km | Strecke | Sehenswürdigkeiten |
|---|---|---|
| 0 | | **HAGUENAU/HAGENAU**: s. Tour Nr. 5 |
| 4,5 | D329 | **KALTENHOUSE**: Kirche mit Portalvorbau am Turm (Holzarbeiten aus dem 18. Jh. im Chor) - Kalvarienberg (Friedhof)- alte Brunnen |
| 8,5 | D99 | **SCHIRRHEIN/SCHIRRHOFFEN**: alte Häuser- Kirche von 1749 in Schirrhein - Schloß aus dem 18. Jh. in Schirrhoffen |
| 13,5 | D137 | **SESSENHEIM**: Barockkirchturm - Goethe-Gedächtnisstätte- kleines Goethe-Museum im Gasthaus "Au Boeuf" - Scheune des Pfarrhauses und Grabplatten von Pfarrer Brion (Friederikes Vater) und seiner Frau in der Kirche |
| 16 | D468 | **AUENHEIM**: alte Fachwerkhäuser - Moderufer |
| 17 | N63 | **ROUNTZENHEIM**: Simultankirche im Barockstil (18. Jh.)- alte Fachwerkhäuser - Kalvarienberg von 1781 |
| 21 | N63 | **SOUFFLENHEIM**: Töpferort - einige Fachwerkhäuser - neoklassizistisches Rathaus (1823)- Keramik-Darstellung des heiligen Abendmahls auf dem alten Friedhof - glasierte Töpferwaren |
| 26 | D37 | **KOENIGSBRUCK**: von dem 1152 gegründeten Kloster steht nur noch die Mühle |

| km | Strecke | Sehenswürdigkeiten |
|---|---|---|
| 28 | D163 | **LEUTENHEIM**: Fachwerkhäuser aus dem 18. Jh. - frühgeschichtliche Siedlung (Heidenberg) |
| 31 | | **KAUFFENHEIM**: alte Mühle - got. Kirche mit teilweise rom. Chor |
| 37 | D197 | **FORSTFELD**: alte Fachwerkhäuser - Esch-Kasematte (Maginot-Linie) mit Museum (im Sommer sonntags geöffnet) |
| 38 | D197 D28 | **HATTEN**: nach 1945 wiederaufgebautes Dorf |
| 40 | D28 | **RITTERSHOFFEN**: nach 1945 wiederaufgebautes Dorf - Konzilfenster in der katholischen Kirche (1963) |
| 43 | D28 | **KUHLENDORF**: schönes Fachwerkdorf mit der einzigen reinen Fachwerkkirche des Elsaß (1820) |
| 45 | D28 | **HOHWILLER**: Dorf mit üppigem Blumenschmuck-alte Fachwerkhäuser - Wandgemälde in der gemischten Kirche (got. Chor und Sakristei) - Kalvarienberg - alte Wache (Hausnr. 67) |
| 47 | D199 | **REIMERSWILLER**: Fachwerkhäuser - Fachwerkkirchturm |
| 48 | D199 | **SCHWABWILLER**: Fachwerkhäuser mit Brotbacköfen - alte Wirtshaus- und Ladenschilder - ehemaliger Marienwallfahrtsort |
| 50 | D243 | **BETSCHDORF**: Töpferdorf (grau-blaues Steingut) - denkmalgeschützte Fachwerkhäuser - Töpfermuseum - Fresken aus dem 15. Jh. in der Kirche (Nieder) Betschdorf - Töpferwerkstätten |
| 73 | D344 Forststraße RN63 | bis zum Forsthaus Eberbach und dann nach rechts nach **HAGUENAU** |

***Die mystischen Mühlen in den Kirchen Hohwiller und Betschdorf***

*Die Wände und Decken des got. Chors (14. Jh.) der Simultankirche Hohwiller sind mit schönen Gemälden geschmückt. Diese stellen die Heiligen, das Jüngste Gericht, Jesus im Tempel und eine mystische Mühle dar, eine Abbildung wie sie außer in Hohwiller und (Nieder) Betschdorf nur noch in etwa zehn Kirchen in Deutschland zu finden ist.*

# 7 Rund um Wingen-sur-Moder

## *Durch die Wälder des Naturparks der Nordvogesen*

**— 48km —**
**— Gebirgig —**

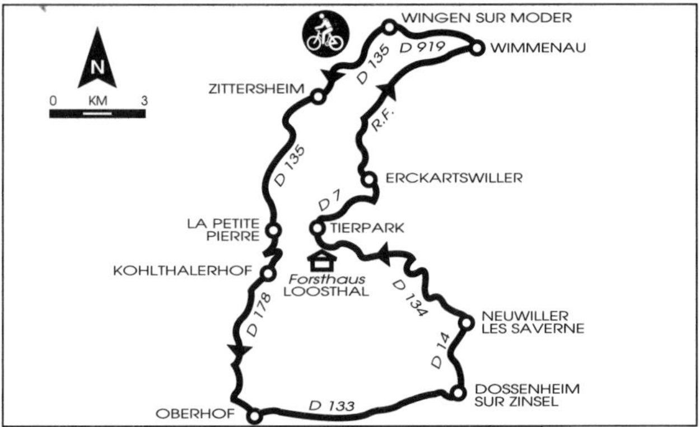


ANFAHRT MIT DEM ZUG BIS ZUM BAHNHOF WINGEN-SUR-MODER

| km | Strecke | Sehenswürdigkeiten |
|---|---|---|
| 0 | | **WINGEN-sur-MODER**: teilweise got. ev. Kirche mit Fachwerk - kath. Kirche im Neobarock-Stil - Buntsandsteinhäuser - Schloß mit Park |
| 3 | D135 | **ZITTERSHEIM**: Vogesendorf - ev. Kirche (1893) - Wälder |
| 8 | D135 | **LA PETITE PIERRE/LÜTZELSTEIN**: Festungsort - Schloß - Siegel- und Kuchenformenmuseum - gotische Kirche (1417) mit Wandgemälden und Adelsgrabmälern |
| 10,5 | D178 | **KOHLTHALERHOF**: Picknickplatz - Niederbaechel-Tal - Weiher |
| 17 | D178 | **OBERHOF**: Weiler in dem herrlichen südlichen |
| | D133 | Zinseltal * |
| 24 | D133 | **DOSSENHEIM-SUR-ZINSEL**: altes Viertel um die Kirche - Heimatmuseum - altes Mühlrad (Maibächelmühle) - got. Chor und Sakristei in der Pfarrkirche |
| 26,5 | D14 | **NEUWILLER-LES-SAVERNE**: Peter- und Paulskirche (12./13. Jh.) mit berühmten Wandteppichen - Adelphikirche (13. Jh.)-Renaissance - Häuser - Schloß (18. Jh.) - Stadtmauer - Friedhof (Premier Empire) - Informationszentrum zur Tierwelt in den Vogesen |

| km | Strecke | Sehenswürdigkeiten |
|---|---|---|
| 35,5 | D134 | Forsthaus **Loosthal** - Pflanzenlehrpfad - Tierpark |
| 39,5 | D813 | **ECKARTSWILLER**: alte Häuser - Kirchen aus dem 15 und 17. Jh. |
| | über D7 | mit seltenem Fachwerkgiebel |
| 45 | Forststraße | **WIMMENAU**: Pfarrkirche mit got. Turm - Ölmühle (Museum in Planung) - Schweizer Haus (einzigartig im Elsaß) |
| 48 | D919 | Rückfahrt nach **WINGEN-SUR-MODER** |

* Ab Oberhof ist ein Abstecher zu den Felsenbehausungen in Graufthal möglich

***Der regionale Naturpark der Nordvogesen***

*120.000 ha - 94 Gemeinden - 84.000 Einwohner*

*Kein anderer französischer Naturpark besitzt soviele Museen, nirgendwo anders in Europa finden sich auf einem Gebiet vergleichbarer Fläche soviele Burgen.*

*Einige dieser mittelalterlichen Festungen wurden direkt in die Sandsteinfelsen hinein- oder darum herumgebaut.*

# 8 RUND UM WINGEN-SUR-MODER

## *Durch den Wasgenwald*

— 59km —
— Gebirgig —

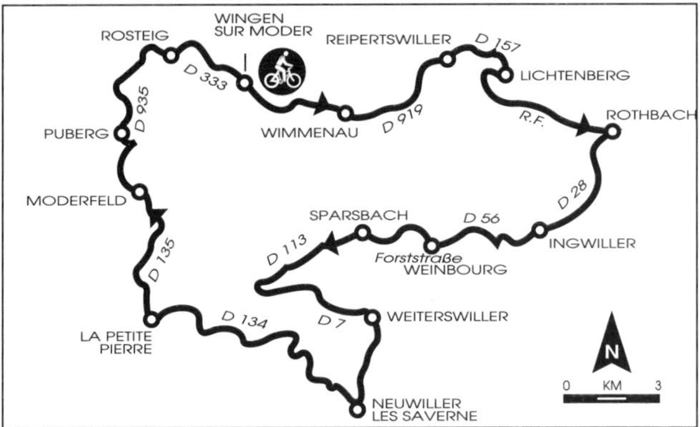


**ANFAHRT MIT DEM ZUG BIS ZUM BAHNHOF WINGEN-SUR-MODER**

| km | Strecke | Sehenswürdigkeiten |
|---|---|---|
| 0 | | **WINGEN-SUR-MODER**: s. Tour Nr. 7 |
| 3 | D919 | **WIMMENAU**: s. Tour Nr. 7 |
| 8 | D157 | **REIPERTSWILLER**: Simultankirche mit rom. Turm, fünfeckigem got. Chor, div. Grabplatten und einem Schlußstein mit dem Lichtenberger Wappen - Thermalquelle |
| 9 | Forststraße | **LICHTENBERG**: bis 1870 bewohnte Festung (13./17. Jh.)-gotische Schloßkapelle mit Grabmälern der Grafen von Lichtenberg und einem ev. Glaubensbekenntnis aus Köln |
| 15 | Forststraße | **ROTHBACH**: zahlreiche Fachwerkhäuser - alte Mühle - ev. Kirche mit Spitzbogenchor (13. Jh.) |
| 21 | D28 | **INGWILLER**: Reste der Stadtmauer - alte Häuser - neoklassizistisches Rathaus (1824) - ev. Kirche mit rom. Turm und Chor und einer Renaissance-Kanzel - Synagoge mit orientalischem Zwiebelturm (19. Jh.) - Pflanzenlehrpfad (Zufahrt mit dem Rad möglich) |
| 24 | D56 | **WEINBOURG**: Simultankirche aus dem 18. Jh. - Fachwerkhäuser mit interessanten Türstürzen |

| km | Strecke | Sehenswürdigkeiten |
|---|---|---|
| 26 | Forststraße | **SPARSBACH**: zahlreiche Ferienhäuser - Fischweiher - alter Waschplatz - Mittelbachtal mit bemerkenswerten Bäumen und eindrucksvollen Felsen |
| 34 | D113<br>D7 | **WEITERSWILLER**: ev. Kirche aus dem 15. Jh.- Grabmale der Freiherrn von Fleckenstein (16. Jh.) und Wandmalereien aus dem 15. Jh. - Naturama - Reste des Schlosses |
| 37,5 | D14 | **NEUWILLER-LES-SAVERNE**: s. Tour Nr. 7 |
| 47,5 | D134 D7 | **LA PETITE PIERRE/LÜTZELSTEIN**: s. Tour Nr. 7 |
| 52 | D135 D935 | **MODERFELD**: Weiler mit Moderquelle |
| 53 | D935 | **PUBERG**: Wasserscheide zwischen Rhein und Saar |
| 54 | D935 D919 | Paßhöhe **PUBERG** (Weiler Sandthal): schöne Aussicht - 320 ü.M. |
| 57 | D935<br>D333 | **ROSTEIG**: "kleine Schweiz" - Felsen - Wälder - Buntsandsteinhäuser - ehemalige Glashütte Kehlenberg (16. Jh.) - Fischweiher |
| 59 | D333 | Rückfahrt nach **WINGEN-SUR-MODER** |

***Die Burg Lichtenberg***

*Die aus dem 12. Jh. stammende Burg wurde im 16. Jh. von Specklin und später noch einmal von Vauban zur Festung ausgebaut. Im August 1870 hielt Leutnant Archer hier mit einigen Männern vor seiner Kapitulation drei Tage lang dem Beschuß der Württemberger stand. Heute noch erhalten sind der im 13. Jh. errichtete Bergfried mit seinen zwei halbrunden Flankentürmen sowie der ausgemauerte Burggraben. Zu sehen sind weiter die Wehranlagen zur Verteidigung des Burgeingangs mit ihrem Winkelgang, die Unterkünfte der Soldaten und die Kasematten. Bei klarem Wetter bietet der Ort eine herrliche Aussicht auf die elsässische Ebene.*

9

# Rund um Sarre-Union/Saarunion

## *Kirchberg-Tour*

**— 34km —**
**— Leicht hügelig —**

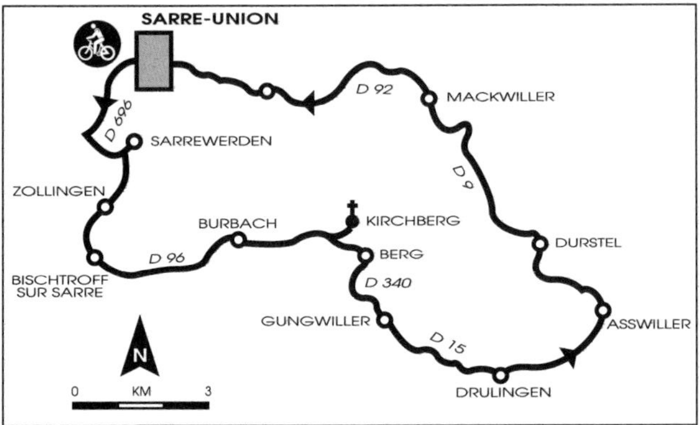


**Anfahrt mit dem Zug bis zum Bahnhof Sarre-Union**

| km | Strecke | Sehenswürdigkeiten |
|---|---|---|
| 0 | | **SARRE-UNION/SAARUNION**: Altstadt mit Renaissance-Häusern - Kirchenorgel - Regionalmuseum - ehemalige Jesuitenkapelle (18. Jh.) - Neustadt mit int. Türstürzen sowie einer ev. lutherischen und einer ev. reformierten Kirche (ständige Ausstellung über die Ortsgeschichte und den Architekten Stengel) |
| 3,5 | D696<br>D96 | **SARREWERDEN**: ehem. Stiftskirche (15. Jh.) mit Steinkanzel, Herrschaftsloge des Grafen und div. Grabmälern - Renaissance-Häuser - in der Grand'Rue: Reste des Schlosses und der Stadtmauer |
| 5,5 | D96 | **ZOLLINGEN**: Turm der ev. Kirche (ehemaliger Wehrturm) - Häuser aus dem 16. und 18. Jh. |
| 7,5 | D96 | **BISCHTROFF-SUR-SARRE**: ev. Kirche mit gotischem Chor und einem Gemälde "Jesus im Tempel" - vierzehnbogige Brücke (18. Jh.) - alte Waschstellen |
| 10,5 | D96 | **BURBACH**: nach 1559 von den Hugenotten neu bevölkerter Ort - alte Häuser - ev. Kirche (1780) |
| 13 | 2km nach Burbach nach links abbiegen | **KIRCHBERG**: Kapelle mit seltenem Rundturm (11. Jh.) - Chor aus dem 14. Jh. - alte Linden - herrliches Panorama - Pflanzenlehrpfad |

| km | Strecke | Sehenswürdigkeiten |
|---|---|---|
| 14 | | **BERG**: ev. Barockkirche (1773), erbaut v. F.J. Stengel - Mittelturm |
| 15 | D340 | **GUNGWILLER**: moderne ev. Kirche (1958) - Aussicht auf die Umgebung - alte Zollstelle (18. Jh.) |
| 18,5 | D15 | **DRULINGEN**: ev. Kirche (1780) mit Grabsteinen - ehem. Pfarrhaus (aus der Zeit vor dem Dreißigjährigen Krieg -1618) - Fachwerkhäuser - ehemalige Poststation (Sogenal) |
| 21,5 | | **ASSWILLER**: ev. Kirche (18. Jh.) - romanisches Basrelief - zu einem Bauernhof umgebautes Schloß - als Scheune genutzte ehem. ev. Kirche (1776) |
| 23,5 | D9 | **DURSTEL**: ev. Kirche (15./19. Jh.) - sehenswerte Häuser (Türstürze aus gehauenem Sandstein und "Holzschopf") |
| 27,5 | D9 | **MACKWILLER**: ehem. röm. Straßenstation - Reste einer röm. Villa, der Thermen, eines Mausoleums und eines Mithrasheiligtums (Basrelief im archäologischen Museum in Straßburg) - ev. Kirche auf röm. Fundament |
| 32 | D92 | **RIMSDORF**: neoromanische ev. Kirche - alte Anwesen aus der Zeit vor dem Dreißigjährigen Krieg<br>Rückfahrt nach **SARRE-UNION** |

***Das Heimatmuseum des Krummen Elsaß in Sarre-Union***

*Es befindet sich im ehemaligen Jesuitenkolleg (1630) in der Rue des Juifs und umfasst folgende Abteilungen:*

- *die Hutmacherkunst von Langenhagen (1832-1972)*
- *der Imbert-Gasgenerator und die Geschichte der Holzvergaser (110 Prototypen)*
- *die große Seilerei Dommel und die Perlenindustrie - Ortsgeschichte (Schloß) und Archäologie*

# 10 Rund um Sarre-Union/Saarunion

## *Die Schlösser und Kirchen des Krummen Elsaß*

— 47km —
— Leicht hügelig —

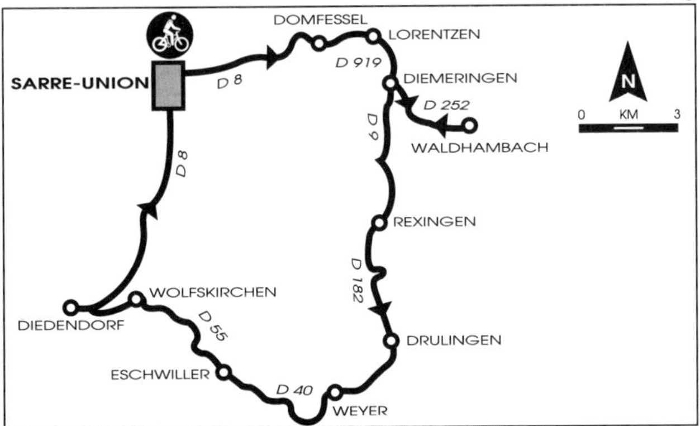


**Anfahrt mit dem Zug bis zum Bahnhof Sarre-Union**

| km | Strecke | Sehenswürdigkeiten |
|---|---|---|
| 0 | | **SARRE-UNION/SAARUNION**: s. Tour Nr. 9 |
| 6,5 | D8 | **DOMFESSEL**: ev. Kirche im Stil einer gotischen Basilika (15. Jh.) mit polygonalem Chor, dreiteiligem Kirchenschiff, verziertem Türsturz und Wehrturm - ehem. befestigter Friedhof |
| 8 | D8 | **LORENTZEN**: ev. Kirche mit wuchtigem Turm (1623) - kath. Kirche aus dem 18. Jh.- Schloß aus dem 16. und 18. Jh.- alte Schmiede - Stengelgebäude von 1768 - alte Häuser |
| 9,5 | D8 | **DIEMERINGEN**: ev. Barockkirche (1757) mit bemerkenswerten Wandgemälden - Wirtschaftsgebäude des ehem. Schlosses (1718) - interessante alte Haustore (Rue des Potiers, Grand'Rue und Quai de l'Eichel) |
| 12 | D919<br>D252 | **WALDHAMBACH**: ev. Kirche mit achteckigem Turm - Reste römischer Thermen - Sandsteintürstürze |
| 18 | D252<br>D919 D9 | **REXINGEN**:<br>Kirche mit interessanter Kanzel - Fröschmühle |

| km | Strecke | Sehenswürdigkeiten |
|---|---|---|
| 20 | D182 | **BETTWILLER**: seltene, Kirchenfenster mit Luther- und Butzer-Motiven in der ev. Kirche (1717) |
| 23 | D182 | **DRULINGEN**: s. Tour Nr. 9 |
| 25,5 | D40 | **WEYER**: Kirche Saint-Siméon mit rom. Rundturm- alte Häuser mit Schopf - von Dodel erbaute ev. Kirche (1769) |
| 25,5 | D40 | **ESCHWILLER**: kath. Kirche (1769/1820) mit interessanten Fenstern und Zwiebelturm - schönes barockes Pfarrhaus (18. Jh.) |
| 36 | D655 | **WOLFSKIRCHEN**: von Stengel erbaute ev. Kirche (1779) - Fundamente der frührom. Kirche Diedendorf - Brücke 18. Jh. |
| 38 | D55 | **DIEDENDORF**: ev. Kirche (16./19. Jh.) - alte Mühle - Renaissance-Schloß von 1577 |
| 47 | D8 | Rückfahrt nach **SARRE-UNION** |

***Der Schopf - eine Besonderheit des Krummen Elsaß***

*Die Bauernhöfe in diesem Teil des Elsaß sind eine Mischung aus elsässischer und lothringischer Bauweise. Von außen ähneln sie den Gehöften im benachbarten Lothringen, innen dagegen erinnern sie eher an die Häuser in der elsässischen Rheinebene.*

*Typisch für die Gegend ist der Schopf (19. Jh.), ein hölzerner Anbau in Form eines Schuppens, der als Wirtschaftsgebäude dient. Zu beachten auch die Inschriften auf den steinernen Türrahmen.*

# 11 Rund um Sarre-Union/Saarunion

## *Der Keskasteler Wald*

**— 26km —**
**— Leicht hügelig —**

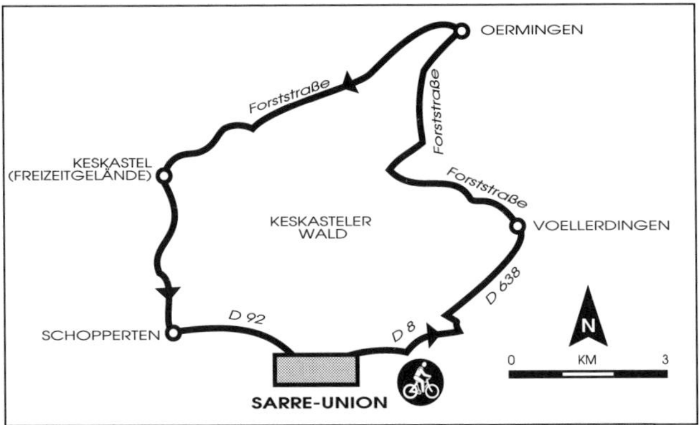


ANFAHRT MIT DEM ZUG BIS ZUM BAHNHOF SARRE-UNION

| km | Strecke | Sehenswürdigkeiten |
|---|---|---|
| 0 | | **SARRE-UNION/SAARUNION**: s. Tour Nr. 9 |
| 6 | **D8** | **VOELLERDINGEN**: |
| | **D638** | ev. Kirche mit Turm aus dem 16. Jh. - Denkmal des Luftschiffers Pilâtre de Rozier (1917) - seltene "Marie-Antoinette-Bank" bei der ehem. Poststation Lutterbacherhof - römische Reste |
| 14 | **Forststraße und dann 3. Forststraße rechts** | **OERMINGEN**: von Dodel erbaute ev. Kirche (1776) - Renaissance-Rathaus (1610)- archäologische Funde (galloromanische Villen) - Tierpark mit Wildschweinen und Hirschen auf dem Kechetter-Hof - frühgesch. Mauer auf dem Hellenkopf |
| 20 | **Forststraße** | **FREIZEITGELÄNDE "LES SAPINS"** Badesee - Spielplatz - Campingplatz |

| km | Strecke | Sehenswürdigkeiten |
|---|---|---|
| 21 | Route du Cimetière | **KESKASTEL**: Türeinfassungen - mittelalt. Turmberg (hinter dem Gefallenendenkmal) - ehem. Schloß - Weiher - ehem. römische Furt |
| 23 | D338 N61 D92 | **SCHOPPERTEN**: ev. Kirche (1960) - alte Steinhäuser |
| 26 | D92 | Rückfahrt nach **SARRE-UNION** |

***Der Keskasteler Wald***

*Neben seiner außergewöhnlichen Vielfalt an Baumarten - von Weiß- und Rotbuchen über Fichten und Lärchen bis hin zu Tannen und Eschen - hat dieser Forst eine reiche Flora (u.a. Orchideen) sowie einen umfangreichen Wildbestand (Wildschweine, Hirsche und Rehe) aufzuweisen.*

*Ein interessanter Waldlehrpfad bei Sarre-Union (in Richtung Oermingen/D237) gibt Erläuterungen zu den verschiedenen Baumarten und dem Standort frühgeschichtlicher Behausungen. Der 7km lange Pfad ist mit einem weißen Kreuz und einem weißen Kreis gekennzeichnet.*

# 12 *Hanau-Ackerland-Tour*

**— 47km —**
**— Leicht hügelig —**

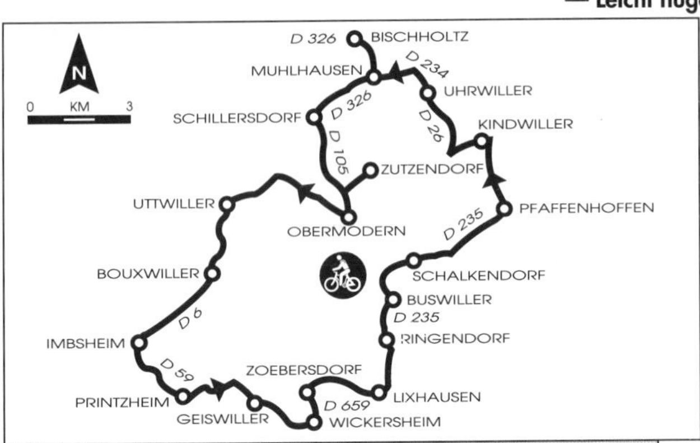


ANFAHRT MIT DEM ZUG BIS ZUM BAHNHOF OBERMODERN

| km | Strecke | Sehenswürdigkeiten |
|---|---|---|
| 0 | | **OBERMODERN**: Fachwerkhäuser, davon mehrere im Schini-Baustil - alte Mühle (Buchmühl) - alte Brunnen |
| 1,5 | gegenüber der Rue de la Gare | Abstecher nach **ZUTZENDORF**: wunderschönes Fachwerkdorf - ev. Kirche mit got. Chor (13. Jh.) und int. Turm |
| 6,5 | D919<br>D234 | **UTTWILLER**: Fachwerkhäuser mit verzierten Portalen und Türeinfassungen - ev. Kirche (1683) - Häuser aus dem Jahre 1556 (Hausnr. 49 u. 50) |
| 8,5 | D106 | **BOUXWILLER/BUCHSWEILER**: ehem. Residenz der Grafen von Hanau-Lichtenberg - außergewöhnlicher alter Stadtkern - Reste des Schlosses: Rathaus mit Museum (ehem. Kanzlei, erbaut 1658) - ev. Kirche aus dem 17. Jh. mit Silbermannorgel, Fürstenloge und einer Steinkanzel aus dem 17. Jh. - Synagoge mit Museum - Orgel in der kath. Pfarrkirche |
| 12 | D6 | **IMBSHEIM**: rundes Wehrdorf - drei Höfe aus der Zeit vor dem Dreißigjährigen Krieg - ev. Kirche (1778) mit spitzem Turm |
| 14 | D59 | **PRINTZHEIM**: ev. Kirche mit rom. und got. Chorturm - schöne Fachwerkhäuser mit Inschriften über den Türen |
| 16 | D59 | **GEISWILLER**: Fachwerkhäuser - ev. Kirche (16. Jh.) |

| km | Strecke | Sehenswürdigkeiten |
|---|---|---|
| 18 | D59 | **WICKERSHEIM**: Fachwerkhäuser - ev. Kirche (19. Jh.) |
| 19 | | **ZOEBERSDORF**: Fachwerkhäuser |
| 21 | D659 | **LIXHAUSEN**: Orgel (18. Jh.) - Fachwerkhäuser |
| 23 | D235 | **RINGENDORF**: ehem. Synagoge - Fachwerkhäuser |
| 25 | D235 | **BUSWILLER**: alte Bauernhöfe wie z.B. Hausnr. 17 (erbaut 1599/1609) |
| 27,5 | D235 | **SCHALKENDORF**: ev. Kirche (1774) - Fachwerkhäuser aus dem 18. Jh. - schönes Panorama |
| 32 | D235 | **PFAFFENHOFFEN**: bunte alte Häuser - Kapelle des ev. Friedhofs (16. Jh.) - Synagoge (1791) - kath. Kirche (15. Jh.) - Reste der Stadtmauer - Museum der volkstüml. Bildkunst |
| 35 | über La Walck | **KINDWILLER**: Fachwerkhäuser - alte Mühle |
| 37 | D750 D26 | **UHRWILLER**: schöne Fachwerkhöfe |
| 39 | D234 | **MULHAUSEN**: blau gestrichene ev. Kirche mit got. Chor - Rottenburg-Grabmal (1600/1609) - Degail-Schloß (Stil Louis-quinze) mit Kapelle - schöne Fachwerkhäuser |
| 40 | D326 | Abstecher nach **BISCHHOLTZ**: alte Häuser mit Wageneinfahrten im Seitenteil der Wirtschaftsgebäude - üppiger Blumenschmuck |
| 43,5 | D326 | **SCHILLERSDORF**: zahlreiche stattliche Bauernhöfe - alte Brunnen - interessanter Rundgang (Balustraden) - ev. Kirche (1851) - Türeinfassungen aus behauenem Sandstein - Kaiserinbank (1854) - Fachwerkrathaus (1780) |
| 47 | D105 | Rückfahrt nach **OBERMODERN** |

***Die Schini-Häuser im Hanauer Land***

*Die Schini-Häuser, benannt nach einer Schweizer Zimmermannsfamilie, die sich im 17. Jh. in Zutzendorf niederließ, sind an ihrem besonders umfangreichen, oft zusätzlich verzierten Ständergebälk zu erkennen. Typisch für ihre Bauweise sind außerdem der doppelte Giebelbalkon mit seinem eng gefächerten Geländer sowie die mit Rauten, Andreaskreuzen und Bögen geschmückten Fensterbrüstungen.*

# 13 RUND UM SAVERNE/ZABERN

## *Eichelmark-Tour*

**— 36km**
**— Leicht hügelig**

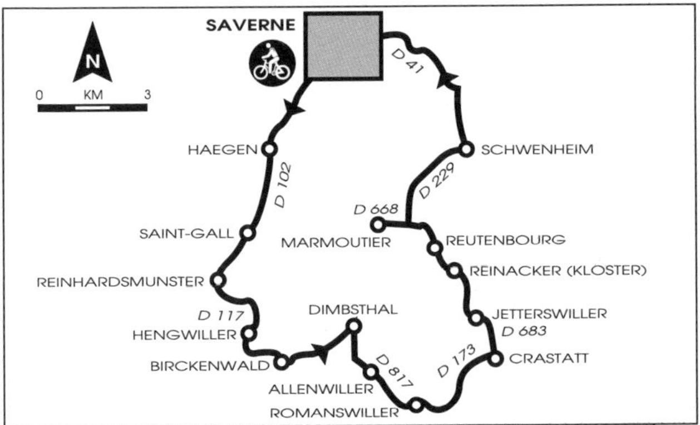


ANFAHRT MIT DEM ZUG BIS ZUM BAHNHOF SAVERNE

| km | Strecke | Sehenswürdigkeiten |
|---|---|---|
| 0 | | **SAVERNE/ZABERN**: Rohanschloß aus dem 18. Jh. mit versch. Museen - altes Schloß (Sous-Préfecture) - Pfarrkirche mit rom. Turm mit Vorhalle und Spitzbogenchor aus dem 14. Jh. - Rekollektenkirche mit Kreuzgang aus dem 14. Jh. - Renaissance-Häuser in der Grand'Rue - gallorom. Mauerreste - Liebermann-Museum (afrik. Kunst) - Feuerwehrmuseum |
| 6 | D102 | **HAEGEN**: Kirche mit teilweise rom. Turm - alte Häuser - St.Quirin-Brunnen |
| 8 | D102 | **SAINT-GALL**: schöne Häuser - St. Gall-Kapelle (17./18. Jh.) mit Barockgestühl und Fachwerk |
| 10 | D117 | **REINHARDSMUNSTER**: rom. Friedhofskapelle (12. Jh.) - ehem. Jagdschloß (1621) |
| 12 | D117 | **HENGWILLER**: alte Anwesen - alter Brunnen |
| 13 | D229 | **BIRKENWALD**: Schloß aus dem 16. Jh. - Kirche mit got. Chor und Zwiebelturm - alte Häuser |
| 15 | D229 | **DIMBSTHAL**: Fachwerkhäuser - galloromanische Überreste |
| 17 | D117<br>D817 | **ALLENWILLER**: Kirche (1740) mit rom. Wehrturm und got. Ziborium |

| km | Strecke | Sehenswürdigkeiten |
|---|---|---|
| 19 | D817 | **ROMANSWILLER**: ev. Kirche (1611) mit rom. Turm - Oberschloß - alte Mühlen mit Wasserrad - Fachwerkhäuser (18. Jh.) |
| 21 | D173 | **CRASTATT**: Pfarrkirche mit rom. Wehrturm - Fachwerkhäuser |
| 23 | D173 D683 | **JETTERSWILLER**: Pfarrhaus und Kirche mit rom. Turm (18. Jh.) |
| 25 | D683 | **REINACKER** (Kloster): Hallenkirche aus dem 15. Jh. - alte Figuren - Kreuzweg von 1790 |
| 26 | D683 | **REUTENBOURG**: Barockkirche mit rom. Chorturm (12. Jh.) |
| 28 | D68 D668 | **MARMOUTIER/MAURSMÜNSTER**: ehem. Kirche der Benediktinerabtei im ottonischen Stil (12. Jh.) mit kunstvollem Chorgestühl, Adelsgrabmälern, Kanzel aus dem 16. Jh., Pieta, Silbermann-Orgel (1710) und Flügelaltar (15. Jh.) in der Friedhofskapelle - alte Häuser - Heimatmuseum |
| 31 | D668 D229 | **SCHWENHEIM**: schöne alte Bauernhöfe - Renaissance-Weihwasserbecken in der Kirche (rom. Turm, got. Fenster, Barockkanzel) |
| 36 | D41 | Rückfahrt nach **SAVERNE** |

***Das Heimatmuseum in Marmoutier***

*Das in einem schönen alten Haus in der 6, Rue du Général Leclerc untergebrachte Museum gewährt einen Einblick in die Wohnkultur früherer Zeiten, die Geschichte der Zünfte sowie die Riten und Traditionen des elsässischen Judentums.*

***Die Krypta***

*Die Krypta der Abteikirche birgt eine Sammlung von Steindenkmälern und Sarkophagen aus vorkarolingischer Zeit.*

# 14 Rund um Saverne/Zabern

## *Ackerland-Kochersberg-Tour*

**— 60km —**
**— Leicht hügelig —**

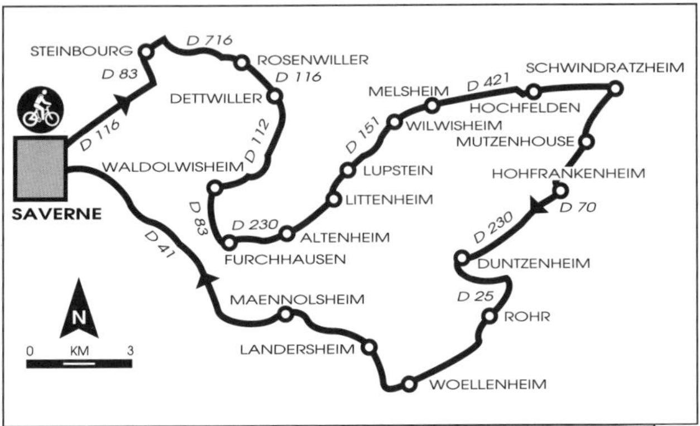


**Anfahrt mit dem Zug bis zum Bahnhof Saverne**

| km | Strecke | Sehenswürdigkeiten |
|---|---|---|
| 0 | | **SAVERNE/ZABERN**: s. Tour Nr. 13 |
| 3 | D116<br>N404<br>D716 | **STEINBOURG**:<br>Pfarrkirche mit Tragaltar aus dem 15. Jh. - Schloß aus dem 17. Jh. - Fachwerkhäuser |
| 6 | D716 | **ROSENWILLER**: ehem. reformierte Kirche von 1685 (Aufhebung des Edikts von Nantes) |
| 8 | D116 | **DETTWILLER**: Jakobuskirche aus dem 18. Jh. mit mittelalt. Chorturm - Rosenschloß (17. Jh.) |
| 12 | D112 | **WALDOLWISHEIM**: Silbermann-Orgel - Mühlrad |
| 14 | D83 | **FURCHHAUSEN**: Fachwerkhöfe - luth. Kirche aus dem 19. Jh. mit rom. Turm |
| 16 | D229 | **ALTENHEIM**: Kirche aus dem 18. Jh. mit Taufstein von 1690 - Fachwerkhäuser |
| 18 | D151 | **LITTENHEIM**: Kirche mit romanisch-gotischem Turm (13. Jh.) und Pieta (1430) - alte Häuser |
| 19 | D151 | **LUPSTEIN**: Beinhaus aus dem Bauernkrieg (1525) - Kirche aus dem 18. Jh. mit Barockinventar |
| 21 | D151 | **WILWISHEIM**: Kirche mit got. Turm (15. Jh.)- ehem. Wangen-Schloß (17. Jh.) |

| km | Strecke | Sehenswürdigkeiten |
|---|---|---|
| 23 | D421 D632 | **MELSHEIM**: schöne Häuser - drei ev. Pfarreien |
| 26 | D421 | **HOCHFELDEN**: rom. Kirchturm (12. Jh.) - got. Wendelinuskapelle - Schauenburg-Schloß (18. Jh.) |
| 29 | D421 | **SCHWINDRATZHEIM**: Fachwerkhäuser - ev. Kirche mit romanisch-gotischem Chorturm (13. Jh.) |
| 31 | D70 | **MUTZENHOUSE**: Kirche aus dem 19. Jh. mit rom. Turm aus dem 12. Jh. - Fachwerkhäuser |
| 33 | D70 | **HOHFRANKENHEIM**: ev. Kirche mit rom. Turm und Chor - Kirchenschiff aus dem 18. Jh. - ehem. befestigter Friedhof |
| 37 | D70 D230 | **DUNTZENHEIM**: ehem. Wehrdorf - ev. Kirche - Fachwerkhäuser |
| 49 | D67<br>D25 | **ROHR**: Pfarrkirche mit romanisch-gotischem Chor und Turm, Schiff aus dem 18. Jh. und gotischem Tabernakel - alte Häuser |
| 53 | D25 | **WOELLENHEIM** (Weiler): schönes Fachwerkrathaus |
| 56 | D41 | **LANDERSHEIM**: Kirche von 1768 mit Satteldachturm (ehem. Wehrkirche) - Fachwerkhäuser - alte Mühle |
| 59 | D41 | **MAENNOLSHEIM**: Kirche (18. Jh.) mit rom. Chorturm - Fachwerkhäuser |
| 60 | D41 | Rückfahrt nach **SAVERNE** |

***Die Wehrtürme im Kochersberg***

*Bei den romanischen Kirchen erfolgt der Zugang zum Turm im allgemeinen über das Dachgeschoß der Kirche. Dies bot früher den Dorfbewohnern bei Gefahr die Möglichkeit, sich in dem befestigten Turm einzuschließen und den einzigen Zugang zu verbarrikadieren.*
*Auch um die Friedhöfe wurden häufig dicke Mauern und Wassergräben gezogen. So konnte in ihrem Innern das Vieh in Sicherheit gebracht werden.*

# 15 RUND UM SAVERNE/ZABERN

## *Burgen-Tour*

— 22km* —
— Gebirgig —

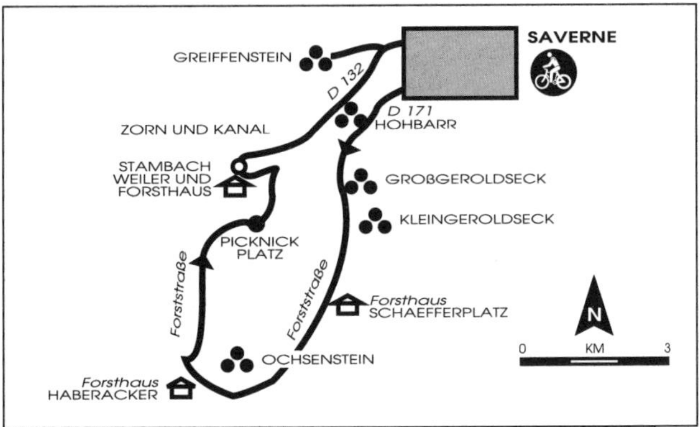


ANFAHRT MIT DEM ZUG BIS ZUM BAHNHOF SAVERNE

| km | Strecke | Sehenswürdigkeiten |
|---|---|---|
| 0 | | **SAVERNE/ZABERN**: s. Tour Nr. 13 |
| 3 | D171 | **RUINE HAUT-BARR/HOHBARR (458m)**: "Oculus Alsatiae" (Auge des Elsaß) - herrliche Aussicht auf den Kochersberg und bei klarem Wetter bis zum Straßburger Münster - Reste einer auf zwei Felsen errichteten, eindrucksvollen Burganlage aus dem 12. Jh. - Chappe-Telegrafen-Museum |
| 4 | Forststraße Saverne beim Billbaum | **RUINE GROßGEROLDSECK (481m)**: Von dieser Burg aus dem 13. Jh. sind noch der quadr. Turm, ein Teil des Haupttrakts und der westl. Mauer erhalten (Abzweigung linke Straßenseite) |
| 4,5 | Forststraße Saverne beim Billbaum | **RUINE KLEINGEROLDSECK (489m)**: Von dieser Burg aus dem 14. Jh. sind einige Teile der Kurtine und des Hauptturms sowie der Wachturm erhalten (Abzweigung linke Straßenseite) |
| 6,6 | Forststraße | **Forsthaus SCHAEFFERPLATZ (382m)**: Picknickplatz |
| 9,8 | Forststraße | **Forsthaus HABERACKER (485m)**: Zugang zu Fuß zu der Burgruine Ochsenstein über einen Weg (blaues Rechteck) 200m hinter dem Forsthaus (Hin- und Rückweg 1,4 km) - Reste von drei Burgen aus dem 12. Jh. auf drei benachbarten Felsen, zu sehen |

| km | Strecke | Sehenswürdigkeiten |
|---|---|---|
| | | ist noch ein Teil des Wohntrakts, ein Schutzwall und eine Gewölbezisterne |
| 16,2 | **Forststraße** Loeffenthal | **STEINERNESHIESEL**: Picknickplatz |
| 17,4 | **Forststraße** Stamb. Reinhardsmunster | **STAMBACH**: Forsthaus und Weiler am Zornufer |
| 20,5 | **D132** **Forststraße** Ramsthal | **RAMSTHAL** (Weiler) Nach 600m Waldweg Zugang zu Fuß auf einem Pfad (gelbe Staffelei und blaues Rechteck) zur Burg Greiffenstein (Hin- und Rückweg 2 km) - Ruinen zweier Burgen aus dem 13. Jh., von denen der quadratische Hauptturm, der Schutzwall, die Spitzbogenfenster, die Kurtine und ein Teil der Schutzmauer erhalten sind - herrliche Aussicht auf die Ebene |
| 21,7 | **D132** | Rückfahrt nach **SAVERNE** |
| | | **21,7 km mit dem Rad und 3,4 km zu Fuß* |

***Die elsässischen Burgen***

*Das Elsaß gehört zu den europäischen Regionen mit den meisten mittelalterlichen Burgruinen. Mehr als vierhundert solche Burgen wurden hier zwischen dem 11. und 15. Jh. errichtet, von ca. hundert sind heute in den Vogesen noch Reste erhalten. Nicht weit von Saverne befinden sich außerdem die Ruinen von Lutzelbourg (12. Jh.) sowie von Danne et Quatre-Vents, die bereits zu Lothringen gehören.*

# 16 RUND UM STRASBOURG/STRASSBURG

## *Im Süden von Straßburg*

**— 68km —**
**— Eben —**

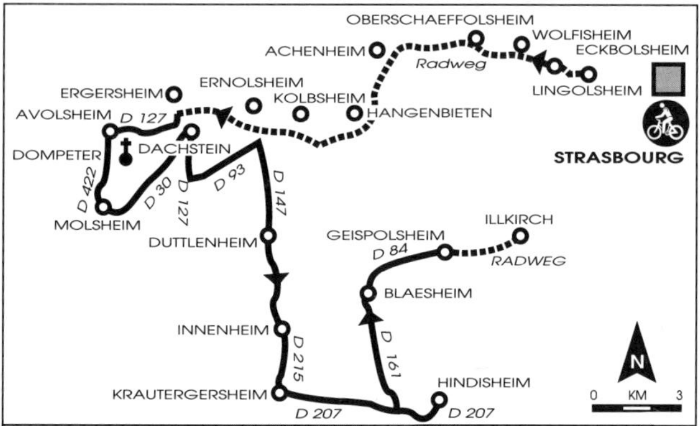


**ANFAHRT MIT DEM ZUG BIS ZUM BAHNHOF STRASBOURG**

| km | Strecke | Sehenswürdigkeiten |
|---|---|---|
| 0 | Radweg | **STRASBOURG/STRASSBURG**: Radweg ab dem Boulevard de Lyon |
| 2 | Radweg Montagne Verte | **LINGOLSHEIM**: Grabplatten der Adelsfamilie Landsberg in der ev. Kirche |
| 4 | Radweg am Breuschkanal | **ECKBOLSHEIM**: ev. Kirche mit gotischem Chor - elsässisches Imkermuseum |
| 9 | | **ACHENHEIM**: Fachwerkhäuser - modernes Herrenhaus |
| 11 | | **HANGENBIETEN**: ev. Kirche aus dem 12. Jh. mit Portal von 1574 (Empire-Friedhof) - ehem. Herrenhaus der Grafen von Hanau-Lichtenberg - Fachwerkhäuser |
| 14 | | **KOLBSHEIM**: Schloß aus dem 18. Jh. mit Mansardendach (Terrassengärten) - alte Höfe |
| 16 | | **ERNOLSHEIM-SUR-BRUCHE**: Fachwerkhäuser - Renaissance - Herrenhaus Uhrendorf (Bauernhof) |
| 19 | Radweg am Breuschkanal bis zur D30 | **ERGERSHEIM**: Kirche mit Barockturm - ehem. Schloß von 1820 Bleiche-Turm - Kapelle |
| 21,5 | **D30 D127** | **AVOLSHEIM**: bemerkenswerte Taufkapelle aus dem 10. Jh. im Ort (Wandmalereien) - Dompeter mit Fundamenten aus dem 9. Jh. (älteste elsässische Kirche) |

| km | Strecke | Sehenswürdigkeiten |
|---|---|---|
| **23,5** | **D422** | **MOLSHEIM**: s. Tour Nr. 22 |
| **28** | **D422 D30** | **DACHSTEIN**: Kirche mit got. Chor - Reste der Stadtmauer (13. und 14. Jh.) - beim Turckheim-Schloß Teile des bischöfl. Schlosses - von Massol erbautes Schloß (1752) |
| **36** | **D127 D93 D147** | **DUTTLENHEIM**: Kirche mit Grabplatten (1770) - Pfarrhaus (1787) - alte Mühle |
| **40** | **D147** | **INNENHEIM**: Berckheim-Herrenhaus (18. Jh.)- ehem. Poststation (17. Jh.) - Fachwerkhäuser - Kirche mit Altar aus dem 18. Jh. |
| **42** | **D215** | **KRAUTERGERSHEIM**: Reste der ehem. Schloßkapelle mit Grabplatten - Rathaus - Mühle (18. Jh.) - große Bauernhöfe |
| **48** | **D207** | **HINDISHEIM**: malerisches Dorf mit vielen alten Häusern - Tabaktrockenscheunen (s. Begleittext) |
| **56,5** | **D207 D161** | **BLAESHEIM**: ev. Barockkirche (1762) - rom. Glockenturm auf dem Gloeckelsberg (Aussichtspunkt) - alte Bauernhöfe |
| **60,5** | **D84** Radweg bis Geispolsheim Gare | **GEISPOLSHEIM**: zahlreiche Fachwerkhäuser - Kirche von 1771 mit Turm aus dem 12. Jh. - altertümlicher Bauernhof aus dem 15. Jh. - Schloß Grünmühle (Elisa-Heim) |
| **64,5** | Radweg bis zum südl. Ortsanfang von Illkirch (RN83) Sportzentrum | **ILLKIRCH-GRAFFENSTADEN**: ehem. Kinglin - Orangerie mit schmiedeeisernen Gittern (18. Jh.) - Fachwerkturm der ev. Kirche (15./16. Jh.) |
| **68** | Girlenhirsch | Rückfahrt nach **STRASBOURG** (Zentrum) |

***Die Schlösser des Breuschtals***

*Herrenhäuser und Schlösser sind auch in Breuschwickersheim, Altorf (Jaegerhof), Odratzheim, Dorlisheim, Mutzig, Scharrachbergheim und Molsheim (Kling, Altorf, Hernay, Oberkirch) zu finden.*

# 17 Rund um Strasbourg/Strassburg

## *An den Ufern des Breuschkanals*

**— 89km* —**
**— Gebirgig —**

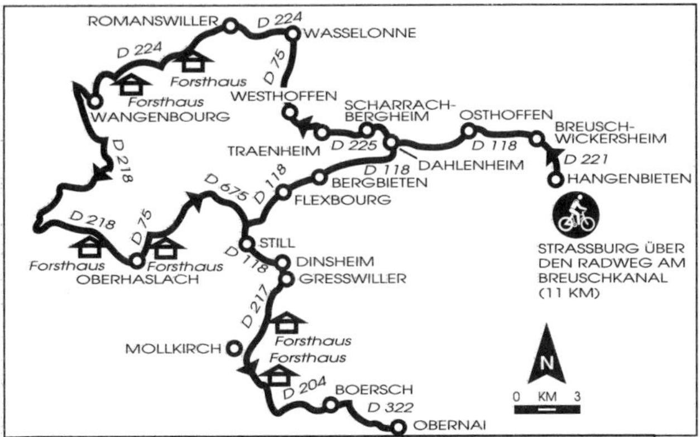


**Anfahrt mit dem Zug bis zum Bahnhof Obernai**

| km | Strecke | Sehenswürdigkeiten |
|---|---|---|
| 0 | | **HANGENBIETEN**: s. Tour Nr. 16 |
| 2 | D221 | **BREUSCHWICKERSHEIM**: ev. Kirche mit got. Turm und Chor sowie dem Grabstein von Sturm (18. Jh.) - rom. Relief -befestigtes Renaissance-Schloß am Ortsrand |
| 6 | D118 | **OSTHOFFEN**: teilweise rom. Kirchturm - Schloß (16./18. Jh.) mit schönem Park |
| 10 | | **DAHLENHEIM**: Barockkirche - ehem. Pfarrhaus (1612) - alte Brunnen - schöne Aussicht |
| 11 | D225 | **SCHARRACHBERGHEIM**: Schloß aus dem 15. Jh. - ev. Kirche mit rom. Turm, got. Chor und barockem Kirchenschiff |
| 14 | D225 | **TRAENHEIM**: ev. Kirche, rom. Turm, got. Chor - alte Häuser (Renaissance-Haus zum Loejelgucker) - Weinlehrpfad |
| 16 | D625 | **WESTHOFFEN**: zahlr. alte Häuser - luth. Kirche (13./14. Jh.) mit interess. Chor, Fenstern und Orgel (1768) - Stadtmauer - Belfried (14. Jh.) - Rosenburg (14. Jh.) - Brunnen - alte Synagoge mit Museum - alte steinerne Mühle |
| 20 | D75 | **WASSELONNE**: ehem. Schloß - Laden- und Wirtshausschilder-ev. Kirche mit Silbermann-Orgel (1745) - seltene Kanzel (17. Jh.) im Freien auf dem ev. Friedhof - kath. Bosco-Kirche (1941) |

| km | Strecke | Sehenswürdigkeiten |
|---|---|---|
| 24 | D224 | **ROMANSWILLER**: s. Tour Nr. 13 |
| 39 | D224<br>D218 | **WANGENBOURG**: Friedhofskapelle mit Chor aus dem 13. Jh.-Burgruine (14. Jh.) - Wälder |
| 48 | D218 | **NIDECK**: Ruinen von zwei Burgen - Wasserfall - herrlicherWald |
| 57 | D218 | **OBERHASLACH**: Barockkapelle St. Florent aus dem 18. Jh. mit zahlreichen Votivbildern |
| 68 | D75<br>D675 D54 | **STILL**: alte Häuser - Kirche mit interess. Türsturz und rom. Weihwasserbecken |
| 70 | D118 | **DINSHEIM**: ehem. Marienwallfahrtskapelle (18. Jh.) |
| 72 | D217 | **GRESSWILLER**: Kirche mit got. Turm und Schiff aus dem 17. Jh.-Lourdes-Grotte - alte Waschstelle |
| 78 | D217<br>D704 | **MOLLKIRCH**: Marienkapelle in Laubenheim - schöne kath. Kirche - Burg Girbaden (12./15.Jh.) |
| 85 | D204<br>D216 | **BOERSCH**: Renaissance-Dorfplatz mit Rathaus, schönen Häusern und Brunnen - Stadtmauer und Tore - Kirche mit rom. Turm und Wandmalereien (12. Jh.) - kleines Winzermuseum - Weinlehrpfad |
| 89 | D322 | **OBERNAI/OBEREHNHEIM**: Altstadt mit Stadttoren,Stadtmauer, Rathaus aus dem 16. Jh., Kornhalle, alter Metzig, herrschaftlichen Häusern aus dem 13. Jh., Fastinger-Hof und Schloß Leonardsau (Pferdemuseum) - Weinlehrpfad<br>*Abkürzung über Flexbourg und Bergbieten (D118) möglich (insgesamt 81km) |

***Westhoffen - ein Dorf wie aus dem Bilderbuch***

*Dieses evangelische Dorf, in dem es auch eine große jüdische Gemeinde gibt, verdient eine eingehende Besichtigung. In dem von der Stadtmauer umschlossenen Ortskern finden sich eine ganze Reihe wunderschöner Anwesen aus dem 16. und 18. Jh.*
*An der aus dem 19. Jh. stammenden kath. Kirche fält auf, daß sie zum Teil der luth. Hallenkirche (13./14. Jh.) nachempfunden ist.*

# 18 Rund um Strasbourg/Strassburg

## *Ersteiner Ebene*

**— 44km**
**— Eben**

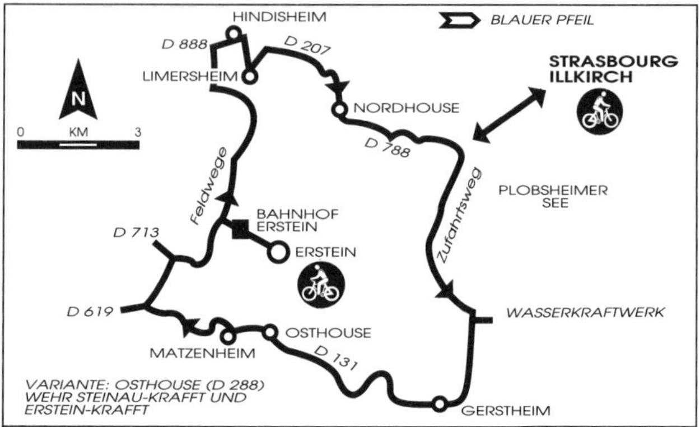


**Anfahrt mit dem Zug bis zum Bahnhof Erstein**

| km | Strecke | Sehenswürdigkeiten |
|---|---|---|
| | | **GERSTHEIM**: neugotische Kirche - Bancalis-Schloss (18. Jh.) - Keyling-Herrenhaus (18. Jh.) - alte Häuser - alte Brunnen |
| | **D131** | **OSTHOUSE**: Kirche aus dem 17. Jh. mit got. Turm mit barokkem Zwiebeldach - Grabkapelle der Adelsfamilie Zorn von Bulach - Renaissance-Schloß mit Wassergraben - viele Fachwerkhäuser |
| | | **MATZENHEIM**: Werde-Schloß (16./19. Jh.) - schönes Fachwerkrathaus - alte Mühle (16. Jh.) - Häuser aus dem 18. Jh. |
| | Radweg von Erstein-Gare (Abstecher) | **ERSTEIN**: Fachwerkhöfe (mit Tabakscheunen) -Kirche mit Turm und Portal von 1716 (aussergewöhnliche Zunftkerzenständer im Innern) - schöne Gerberhäuser |
| | | **HINDISHEIM**: s. Tour Nr. 16 und nachst. Begleittext |
| | **D888** | **LIMERSHEIM**: schöne Fachwerkhöfe - Kirche aus dem 18. Jh. - Kreuzweg von 1760 |

| km | Strecke | Sehenswürdigkeiten |
|---|---|---|
| | D388<br>D207<br>D288 | **NORDHOUSE**: Kirche mit rom. Chor und Turm mit barockem Zwiebeldach - Fachwerkrathaus im Empire-Stil (1850) - Kapelle St. Ludan (18. Jh.) - halbrunde Napoleonbank<br>Möglicher Abstecher nach |
| | D788<br>D468 | **PLOBSHEIM**: Kapelle Notre-Dame du Chêne (Maria-Eich) mit polygonalem got. Chor und angrenz. Fachwerkhaus - Zorn-Schloß (1588), heute Rathaus von Thumenau (1815) - Guentzer-Schloß (1706) - Kempferhof (1880) - Fachwerkhäuser |

***Hindisheim: eines der schönsten Dörfer der elsässischen Ebene***

*Dieses malerische alte Fachwerkdorf liegt abseits der Hauptverkehrsstraßen am Rande des Feuchtgebiets "Andlauer Bruch". An den meisten Häusern sind Inschriften mit der Jahreszahl zu erkennen. Auffallend auch die vielen großen Tabakscheunen. Die aus dem letzten Jahrhundert stammende Kirche besitzt einen älteren Turm. In der Wallfahrtskapelle beim Rathaus - zu beachten der seltene Fachwerkturm - sind die geschnitzten Figuren der 14 Nothelfer, eine gekrönte Madonna, eine Jungfrau mit Kind, ein abgemagerter Christus und eine Prozessionsstatue zu sehen.*

# 19 Rund um Kogenheim

## *Benfeld und Umgebung*

— 50km —
— Eben —

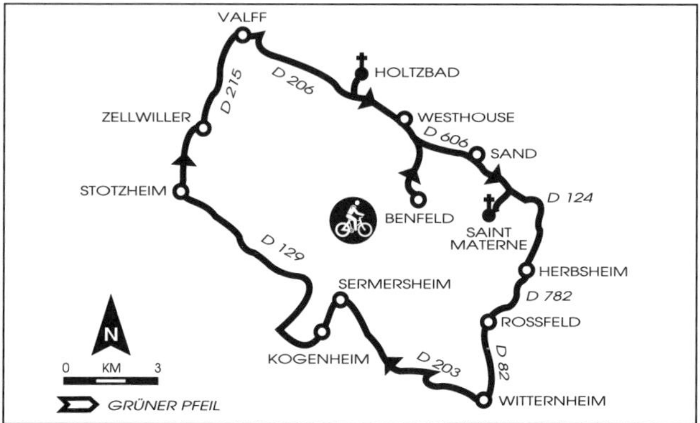


**Anfahrt mit dem Zug bis zum Bahnhof Kogenheim**

| km | Strecke | Sehenswürdigkeiten |
|---|---|---|
| 0 | | **KOGENHEIM**: Fachwerkhäuser, zum Teil von Flußschiffern - alte Schmiede - Kirche von 1746 mit Innenraum im Rokoko-Stil |
| 7,5 | D129 | **STOTZHEIM**: Kirche (1765) mit Adelsgräbern und Barockgestühl - Schloß Grunstein (13./17. Jh.) und Andlauer Schloß (15./18. Jh.) |
| 10 | D215 | **ZELLWILLER**: Winzerhäuser - Beinhaus aus dem 18. Jh. bei der Kirche - alte Mühle |
| 14 | D215 | **VALFF**: Barockkirche mit rom. Turmsockel - alte Fachwerkhäuser - Kapellen - Reste des Schloßes (16. Jh.) bei der Kirche |
| 18 | **D206** und Abstecher über eine kleine Straße | **HOLTZBAD**: Kapelle St. Ulrich (12. Jh.) mit alten Wandmalereien (14. Jh.) und Barockstatuen - altes Badehaus (18. Jh.) |
| 20 | D206 | **WESTHOUSE**: neugot. Kirche aus dem 19. Jh. - alte Brunnen - Fachwerkanwesen der Adelsfamilie Rathsamhausen - zahlreiche Häuser mit Giebelbalkon |
| 23 | D206 | **BENFELD**: Rathaus mit Figurenuhr (16./17. Jh.)- altes Spital (1625) - kleine Burg von 1620 - Poststation - ehem. Ziegelei |

| km | Strecke | Sehenswürdigkeiten |
|---|---|---|
| | | (Fachwerkbau) - Kirche (1844) mit got. Chor und alten Grabsteinen (15. Jh.) - kath. Pfarrhaus (18. Jh.) - sehr interessanter, gut ausgeschilderter historischer Rundgang |
| 27 | D829 | **SAND**: Rokoko-Kanzel in der Kirche (1781) - alte Häuser |
| 30 | D124<br>Abstecher | **SAINT-MATERNE**: Kapelle Saint-Materne mit Quelle (19. Jh.) |
| 35 | D124 | **HERBSHEIM**: Ölpresse (1736) - Rathausplatz - Fachwerkhäuser - Kirche (1762) mit altem Turm und Marienstatue aus dem 14. Jh. sowie div. Bildern |
| 37 | D782 | **ROSSFELD**: alte Mühle (1767) - Kirche von 1844 - alte Waschstellen - Fachwerkhäuser |
| 43 | D82 | **WITTERNHEIM**: Fachwerkhöfe - eindrucksvolle Linde |
| 49 | D203<br>und Weg | **SERMERSHEIM**: schöne Fachwerkhäuser (teilweise mit Balkon) - Kirche (1831) mit bem. Chor - beeindruckendes Pfarrhaus (1870) |
| 50 | N83 | Rückfahrt nach **KOGENHEIM** |

***Ein Rundgang durch das historische Benfeld***

*In dem zu Unrecht nur wenig bekannten Städtchen ist ein überaus interessanter Rundgang ausgeschildert. Dazu gibt es beim Verkehrsamt im Rathaus (Erdgeschoß) einen empfehlenswerten, detaillierten Führer, mit dem die Stadt in zweieinhalb Stunden zu Fuß besichtigt werden kann.*

# Rund um Barr

## *Winzertour (gelbe Markierung)*

— 25km —
— Hügelig —

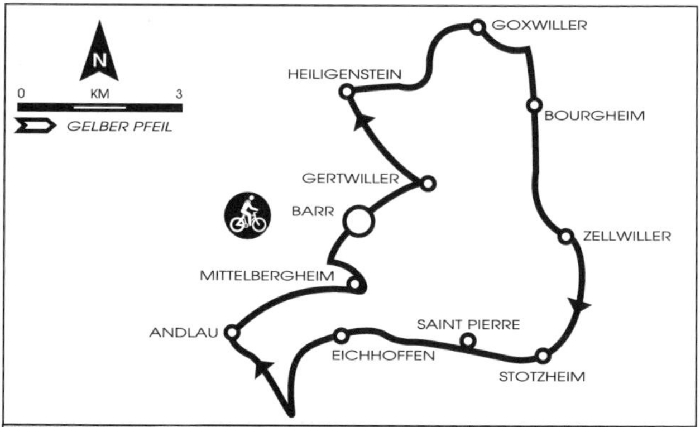


**Anfahrt mit dem Zug bis zum Bahnhof Barr**

| km | Strecke | Sehenswürdigkeiten |
|---|---|---|
| 0 | | **BARR**: ev. Kirche mit mittelalt. Grabmal und Kanzel aus dem 17. Jh.- alte Häuser am Place de l'Hôtel de Ville, in der Rue du Docteur Sultzer, der Rue Neuve und der Rue Reiber - Museum "Folie-Marco" und kleines Schlittenmuseum - Weinlehrpfad |
| 2 | entlang der Bahnlinie | **GERTWILLER**: ev. Kirche mit rom. Turm und Malereien aus dem 15. Jh. - alte Häuser - ehem Postkutschenstation |
| 4 | den Schildern folgend | **HEILIGENSTEIN**: malerisches Dorf mit teilweise recht niedrigen Häusern mit Schwalbennestern - Bärenbrunnen (16. Jh.) - schöne Aussicht auf die Ebene |
| 7 | den Schildern folgend | **GOXWILLER**: Simultankirche (17. Jh.)- Winzerhöfe - Zehnthof (1608) |
| 10 | **D709** und ausgeschildertes Sträßchen | **BOURGHEIM**: Simultankirche (12. Jh.) mit bemerkenswertem Bogenfeld und Steindenkmälern - Fachwerkhäuser - ehem. Kutschenstation "Zum Pflug" (1792) |
| 12 | den | **ZELLWILLER**: s. Tour Nr. 19 |
| 14 | Schildern | **STOTZHEIM**: s. Tour Nr. 19 |
| 16 | folgend | **SAINT-PIERRE**: Kirche (19. Jh.) mit Silbermann-Orgel - Schloß Ittenwiller mit Park (13./17. Jh.) - alte Mühlen - Reste eines Klosters (12. Jh.) |

| km | Strecke | Sehenswürdigkeiten |
|---|---|---|
| 18 | | **EICHHOFFEN**: Kapelle (1052) mit rom. Bogenfeld und Wandmalereien aus dem 15. Jh. - alte Winzeranwesen - alte Waschstelle |
| 20 | D425 | **ANDLAU**: alte Fachwerkhäuser - ehem. Deutschordenskomturei - Abteikirche St. Richardis (12./17. Jh.) mit Skulpturenfries, Krypta, Reliquienschrein, Barockkanzel und Bärenfigur - Kirche St. André mit Wandgemälden aus dem 14. und 15. Jh. - alte Stadtmauer mit Türmen - Andlauer Hof (16. Jh.) |
| 22 | den Schildern folgend | **MITTELBERGHEIM**: zahlreiche Fachwerk- und Sandsteinhäuser - schönes Renaissance-Rathaus (17. Jh.) - ehem. Schmiede (Museum) - Zehntscheune (1650) - alte Laden- und Wirtshausschilder - ev. Kirche mit rom. Turm, got. Kirchenschiff und Wandgemälde (15. Jh.) - Weinlehrpfad mit Erklärungen im Comic-Stil |
| 25 | | Rückfahrt nach **BARR** |

***Einige der Spitzenweinlagen in Barr und Umgebung***

*BARR: Kirchberg (Gewürztraminer - Riesling - Tokayer)*

*MITTELBERGHEIM: Zoltenberg (Gewürztraminer - Riesling - Tokayer)*

*ANDLAU: Kastelberg/Wibelsberg (hauptsächlich Riesling)*

*EICHHOFFEN: Moenchberg (Riesling - teilweise auf der Gemarkung Andlau)*

## 21 RUND UM OBERNAI/OBEREHNHEIM

### *Von den Vogesen zum Rhein (rote Markierung)*

**— 95km —**
**— Leicht hügelig —**

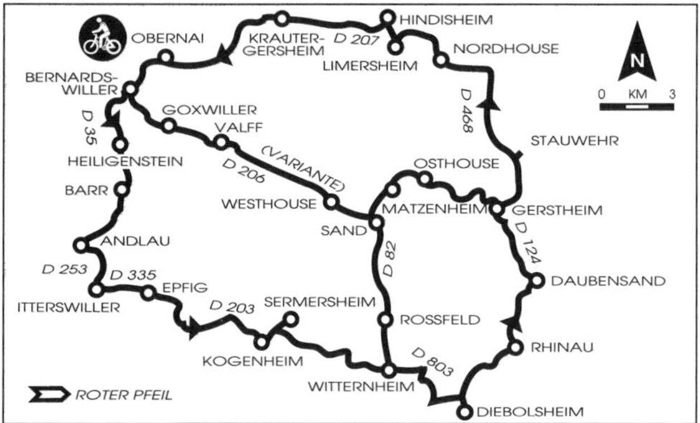


**ANFAHRT MIT DEM ZUG BIS ZUM BAHNHOF OBERNAI**

| km | Strecke | Sehenswürdigkeiten |
|---|---|---|
| | | **OBERNAI/OBEREHNHEIM**: s. Tour Nr. 17 |
| | D426 | **BERNARDSWILLER**: s. Variante II |
| | D35 | **HEILIGENSTEIN**: s. Tour Nr. 20 |
| | D35 | **BARR**: s. Tour Nr. 20 |
| | D42 D62 | **ANDLAU**: s. Tour Nr. 20 |
| | D253<br>D335 | **ITTERSWILLER**: Kirche mit got. Chorturm und Wandmalereien aus dem 14. Jh. - alte Häuser mit Felsenkellern - sehr schöne Aussicht auf das "Ende der Welt" |
| | D335 | **EPFIG**: Pfarrhaus (17. Jh.) in ehem. Schloß - rom. Margarethenkapelle mit Beinhaus (1525) - alte Häuser - Weinlehrpfad |
| | D603 D203 | **KOGENHEIM**: s. Tour Nr. 19 |
| | | **SERMERSHEIM**: s. Tour Nr. 19 |
| | D203 | **WITTERNHEIM**: s. Tour Nr. 19 |
| | D203<br>D803 | **DIEBOLSHEIM**: üppiger Blumenschmuck - zahlreiche Fachwerkhäuser (Rue de l'Eglise und Rue Principale) - alte Kirche |
| | D20 | **RHINAU**: Kirche mit got. Chor (16. Jh.) und außergewöhnlichen Fenstern - Mariensäule beim Fluß - Fähre |
| | | **DAUBENSAND**: ehem. Fischerdorf mit typ. Häusern - ev. Kirche (1869) - Rheinauwald |

| km | Strecke | Sehenswürdigkeiten |
|---|---|---|
| | EDF-Straße | **GERSTHEIM**: s. Tour Nr. 18 |
| | D468 D788 | **NORDHOUSE**: s. Tour Nr. 18 |
| | D288 D207 D388 | **LIMERSHEIM**: s. Tour Nr. 18 |
| | D888 | **HINDISHEIM**: s. Tour Nr. 16 |
| | D207 | **KRAUTERGERSHEIM** |
| | | Rückfahrt nach **OBERNAI** |
| | | **VARIANTE I** |
| | | **OSTHOUSE**: s. Tour Nr. 18 |
| | D288 | **MATZENHEIM**: s. Tour Nr. 18 |
| | D829 | **SAND**: s. Tour Nr. 19 |
| | D124 D282 D82 | **ROSSFELD**: s. Tour Nr. 19 |
| | | **VARIANTE II** |
| | | **WESTHOUSE**: s. Tour Nr. 19 |
| | D206 | **VALFF**: s. Tour Nr. 19 |
| | D206 | **GOXWILLER**: s. Tour Nr. 20 |
| | D709 | **BERNARDSWILLER**: schöne Häuser mit eindrucksvollen Toreinfahrten - alte Brunnen - Kirche mit einem dem Beffroi von Obernai nachempfundenen Turm und got. Tabernakel (1518) |

***Die Insel Rhinau (Naturschutzgebiet)***

*Die über Diebolsheim und das Wasserkraftwerk zu erreichende Rheininsel ist 10km lang und 400 bis 800m breit. Hier wachsen mehr als 40 verschiedene Baumarten, mehrere Sorten Lianen und Clematis sowie zahlreiche weitere seltene Pflanzen. Nicht minder interessant ist auch die Tierwelt. Anzutreffen sind Kornweihen, Ringelnattern, Rehe, Hermeline und Eisvögel.*

# 22 Rund um Wasselonne

## *Der Westhoffener Wald (grüne Markierung)*

**— 25km —**
**— Leicht hügelig —**

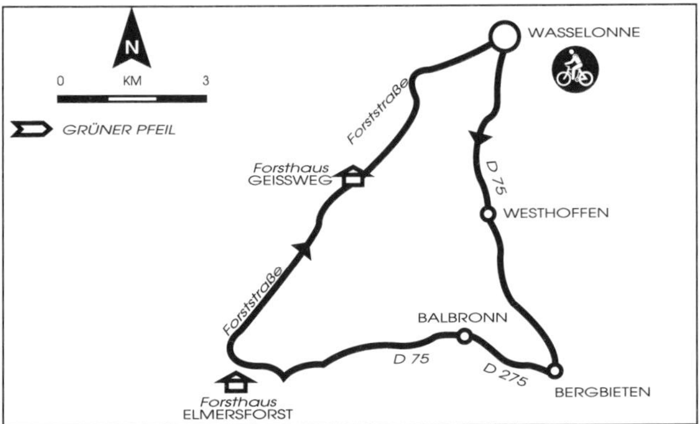


ANFAHRT MIT DEM ZUG BIS ZUM BAHNHOF MOLSHEIM

| km | Strecke | Sehenswürdigkeiten |
|---|---|---|
| **0** | | **WASSELONNE**: s. Tour Nr. 17 |
| **4** | **D75** | **WESTHOFFEN**: s. Tour Nr. 17 |
| **7** | **D75** | **BERGBIETEN**: alte Kirche (1840)- Renaissance - Häuser - Zehntscheune (16. Jh.) |
| **9** | **D275** | **BALBRONN**: ev. Kirche mit dreiteiligem Chor im rom. Stil - schöne Fachwerkhäuser - Pfarrhaus aus dem 16. Jh. - kath. Pfarrkirche (ehem. Schloßkapelle mit Grabmal aus dem 16. Jh.) |
| **14** | **Forststraße** | **FORSTHAUS ELMERSFORST** (1755) Jaegerschmidt-Eiche - Baillard-Eiche - Überreste eines ehem. Dorfs |
| **18** | **Forststraße** | **FORSTHAUS GEISSWEG** Sequoia und Nordmann-Tanne |
| **25** | | Rückkehr nach **WASSELONNE** |

*Die Tour führt auf Forststraßen durch schattige Wälder, in denen jedoch Rücksicht auf Spaziergänger und Wanderer genommen werden muß.*

**Der Westhoffener Wald**

*Dieses 940ha große Waldgebiet mit seinen idyllischen Fleckchen besitzt nicht nur einen der schönsten Eichenwälder des Elsaß, sondern auch eine Vielzahl alter Baumriesen, darunter einige besonders beeindruckende Kastanien. Der nordwestlich von Westhoffen gelegene Geierstein-Pavillon bietet einen herrlichen Blick auf das Winzerstädtchen.*

*Vom Geissweg führt eine linkerhand in Richtung Cosswiller abzweigende Forststraße entlang des Sathbachs in das reizvolle Dreibrunnental.*

# 23 Rund um Molsheim

## *Molsheim und Umgebung (blaue Markierung)*

**— 35km**
**— Hügelig**

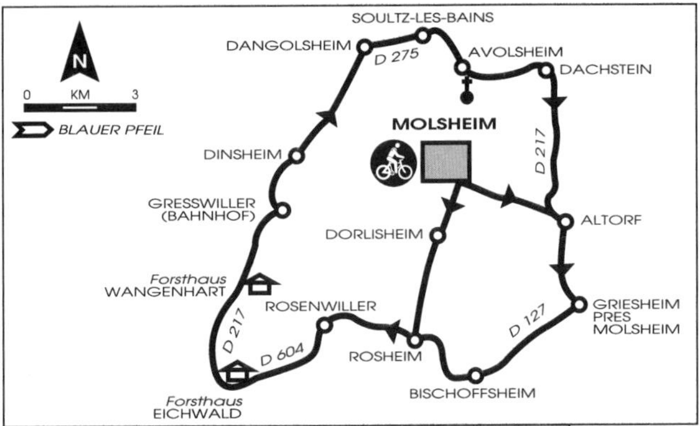


**Anfahrt mit dem Zug bis zum Bahnhof Molsheim**

*Die Strecke ist von der DDE ausgeschildert*

| km | Strecke | Sehenswürdigkeiten |
|---|---|---|
| | | **MOLSHEIM**: alte Häuser - Stadtmauer mit Tor - alte Metzig (1525) - bemerkensw. Jesuitenkirche (18. Jh.) - Schloß Oberkirch (1770) - Kartäuser- und Bugattimuseum |
| | | **ALTORF**: alte Häuser - Kirche (12./18. Jh.) mit bemerkenswerter Ausstattung und Silbermann-Orgel - ehemalige Wache - herrliches Renaissance-Pfarrhaus aus dem 17. Jh. |
| | **D127** | **GRIESHEIM-PRES-MOLSHEIM**: alte Häuser - alte Friedhofkapelle - alte Mühle - schöne St. Alexis-Statue in der Kirche |
| | **D127** | **BISCHOFFSHEIM**: Fachwerkanwesen - alte Schmiede - Unter- und Oberschloß - Kirche mit Orgel aus dem 18. Jh.- Kloster Bischenberg |
| | | **ROSHEIM**: alte Stadttore - rom. Haus (1160) - rom. Kirche mit reicher Ausstattung und Silbermann-Orgel aus dem 12. Jh. - Rathaus im Louis-Quinze-Stil - Zehntscheune - archäologische Ausstellung im Verkehrsamt - neoklassizistische Kirche von 1781 mit rom. Turm |
| | **D435** | **ROSENWILLER**: s. Tour Nr. 24 |
| | | **GRESSWILLER**: Kirche mit spätgot. Turm, Barockinventar und |

| km | Strecke | Sehenswürdigkeiten |
|---|---|---|
| | | Heiligem Grab aus dem 15. Jh.- alte Häuser |
| | | **DINSHEIM**: Marienkapelle (18. Jh.) mit einem Mühlstein als Altar - alte Häuser - Kalvarienberge |
| | | **DANGOLSHEIM**: Kirche mit rom. Turm und got. Chor (16. Jh.) - Turmruine südlich der Gemeinde - alte unterirdische Gänge |
| | **D275** | **SOULTZ-LES-BAINS**: ehem. Thermalbad (1913 abgebrannt) - alte Mühle - Kirche (14. Jh.) mit achteckigem Turm aus dem 12. und 17. Jh. sowie einer schönen Renaissance-Kanzel und einer Silbermann/Stiehr-Orgel (1762-1865) - Winzeranwesen |
| | **D422** | **AVOLSHEIM**: s. Tour Nr. 16 |
| | **D217** | **DACHSTEIN**: s. Tour Nr. 16 |
| | | **DORLISHEIM** (Abkürzung): rom. Kirche (12. Jh) mit Spitzbogenchor - ehem. Johanniskomturei (13. Jh.) - Hervé-Gruyer-Schloß (1714) - schöne Anwesen |
| | **D30** | Rückfahrt nach **MOLSHEIM** |
| | | *Fahrradverleih bei Motsch in Molsheim, Place de l'Hôtel de Ville* |

***Das Dorlisheimer Pflanzenparadies***

*Das Vogesenvorgebirge westlich von Dorlisheim (Altenberg-Rippberg-Knitschelberg) ist ein wahres Paradies für Pflanzenfreunde, denn auf dem Kalkboden gedeiht eine ganz außergewöhnliche Flora. Die Palette reicht von Küchenschellen über Tulpen bis hin zu Orchideen. Die Pflanzen stehen selbstverständlich unter Naturschutz und dürfen nicht gepflückt werden. Ein Ausflug in dieses Gebiet ist mit dem Mountain-Bike möglich.*

Küchenschelle

# RUND UM MOLSHEIM

## *Rosenwiller und Umgebung (grüne Markierung)*

**— 33km**
**— Leicht hügelig**

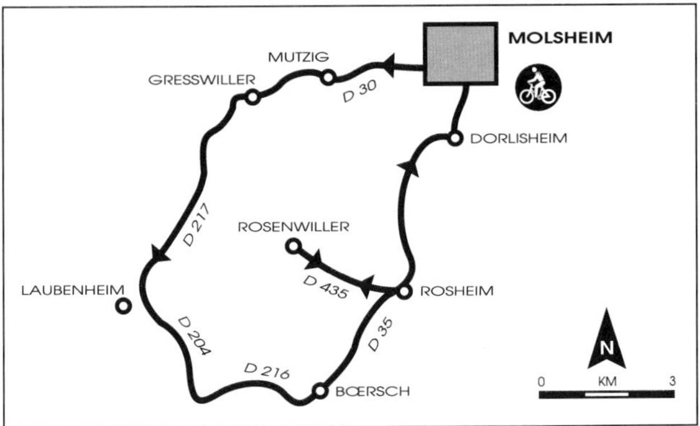


ANFAHRT MIT DEM ZUG BIS ZUM BAHNHOF MOLSHEIM

| km | Strecke | Sehenswürdigkeiten |
|---|---|---|
| 0 | | **MOLSHEIM**: Beginn der Strecke in der Allee Carl, s. Tour Nr. 23 |
| 3 | D30 | **MUTZIG**: Stadttor aus dem 14. Jh. und Reste der Stadtmauer - Rathaus von 1746 - alte Synagoge (1760) - hist. Museum im Rohanschloß (17. Jh.) - zahlreiche Kapellen - Kaiser-Wilhelm-Festung |
| 6 | D217 | **GRESSWILLER**: s. Tour Nr. 23 |
| 13 | D217 D204 | **LAUBENHEIM**: alte Marienkapelle (12./18. Jh.) mit interessantem Barockinventar - Ruine der Burg Girbaden oberhalb des Orts (s. Begleittext) |
| 18 | D204 D216 | **BOERSCH**: s. Tour Nr. 17 |
| 21 | D35 | **ROSHEIM**: s. Tour Nr. 23 |

| km | Strecke | Sehenswürdigkeiten |
|---|---|---|
| 24 | D435 anschließend Rückfahrt nach Rosheim | **ROSENWILLER** (lohnenswerter Abstecher): bemerkenswerte Kirche (13./14. Jh.) mit polygon. Chor, Wandgemälde, Sakramentsnische (15. Jh.), schönen Fenstern (1355) - großer jüdischer Friedhof mit 6000, zum Teil sehr alten Gräbern |
| 31 | kleine Straße über AM STUFAIN | **DORLISHEIM**: alte Mühle rechterhand an der Straße |
| 33 | nördl. Ortsausgang Dorlisheim | Rückfahrt nach **MOLSHEIM** |

***Die Burg Girbaden***

*Die aus Überresten von drei Burgen (11.-14. Jh.) bestehende Ruine Girbaden ist mit ihren fast 2ha Fläche die größte Anlage ihrer Art im Elsaß. Die ursprüngliche Residenz der Grafen von Egisheim, die später in den Besitz der Straßburger Bischöfe überging, wurde im 17. Jh. zerstört.*

*Erhalten sind auf der Ostseite der quadratische Bergfried aus dem 12. Jh. , Reste des Haupttrakts, des Hauptwalls sowie Balken und Fenster (13. und 14. Jh.) und auf der Westseite die restaurierte Valentinskapelle sowie zwei Türme, darunter der Hungerturm, in dem sich ein Gefängnis befand.*

*Der ausgedehnte Vorplatz vor der Kapelle ist der größte aller elsässischen Burgen.*

# 25 RUND UM MOLSHEIM

## *Altbronn-Tour (gelbe Markierung)*

— 18km —
— Eben —

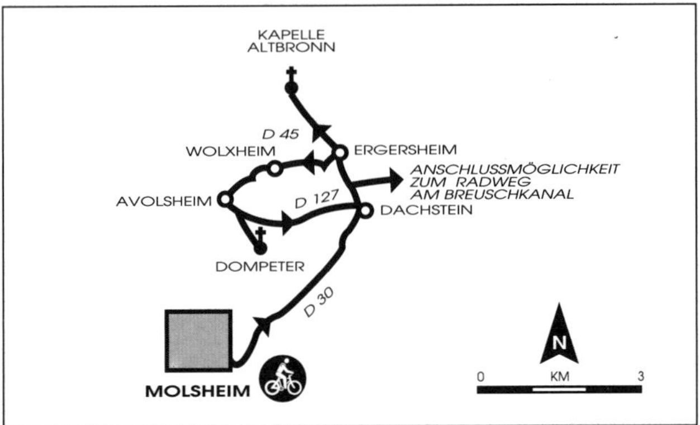


ANFAHRT MIT DEM ZUG BIS ZUM BAHNHOF MOLSHEIM

| km | Strecke | Sehenswürdigkeiten |
|---|---|---|
| 0 | | **MOLSHEIM**: s. Tour Nr. 23 |
| 5 | D30 | **DACHSTEIN**: s. Tour Nr. 16 |
| 6 | D30 | **ERGERSHEIM**: s. Tour Nr. 16 |
| 7 | kleine Straße (Abstecher) | **KAPELLE ALTBRONN**: ehem. Wallfahrtsort mit Statuen aus dem 14. und 16. Jh., Reliquien, Altar im Louis-Quinze-Stil (Festlichkeiten am 4. Juli und Wallfahrt am 2. August) - schöne Aussicht auf die Umgebung |
| 9 | D45 | **WOLXHEIM**: Winzerdorf - Fachwerkhäuser - Herrenhaus aus dem 15. Jh. am Kanal - Kirche mit Orgel aus dem 18. Jh. - St. Armuth-Kapelle (18. Jh.) mit Votivbildern - St. Denis-Kapelle mit altem Friedhof - Kapelle "Maria-Hilf" am Kanal |

| km | Strecke | Sehenswürdigkeiten |
|---|---|---|
| 11 | D127 | **AVOLSHEIM** und **DOMPETER**: s. Tour Nr. 16 |
| 13 | D30 | **DACHSTEIN** |
| 18 | | Rückfahrt nach **MOLSHEIM** |

***Der Breuschkanal***

*Der Kanal - im 12. Jh. noch ein einfacher Wassergraben - wurde 1682 zu militärischen Zwecken ausgebaut. Die Arbeiten wurden auf Befehl Ludwig XIV. von Festungsbaumeister Vauban ausgeführt, der den Kanal für den Transport des Vogesensandsteins für den Bau der Straßburger Zitadelle (Reste im Park bei der Esplanade) benötigte. Später diente er dann der Beförderung des Baumaterials für die Befestigung von Kehl, der Ile des Epis und Fort-Louis sowie dem kommerziellen Transport von Holz aus dem oberen Breuschtal, Gips aus Flexbourg und Steinen aus Wolxheim.*

26

# Rund um Molsheim

## *Das Haseltal (rote Markierung)*

— 27km —
— Gebirgig —

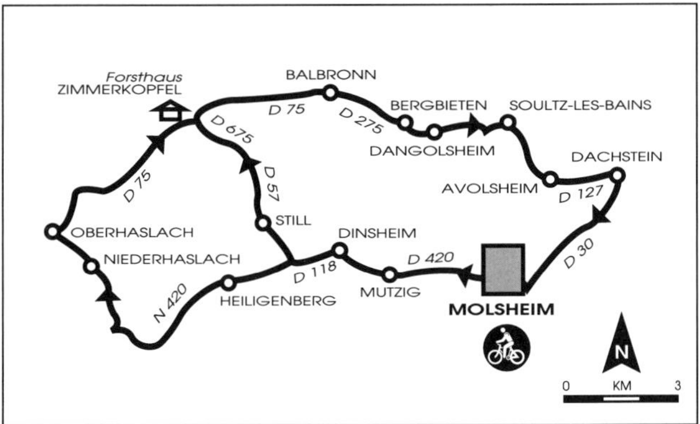


Anfahrt mit dem Zug bis zum Bahnhof Molsheim

| km | Strecke | Sehenswürdigkeiten |
|---|---|---|
| 0 | | **MOLSHEIM**: s. Tour Nr. 23 |
| 2 | D30 | **MUTZIG**: s. Tour Nr. 24 |
| 4 | | **DINSHEIM**: s. Tour Nr. 23 |
| 6 | D118 | **STILL**: s. Tour Nr. 17 |
| 13 | D57 D675 D75 | **BALBRONN**: s. Tour Nr. 22 |
| 15 | D275 | **BERGBIETEN**: s. Tour Nr. 22 |
| 16 | D275 | **DANGOLSHEIM**: s. Tour Nr. 23 |
| 18 | D275 | **SOULTZ-LES-BAINS**: s. Tour Nr. 23 |
| 22 | D45 D30 | **DACHSTEIN**: s. Tour Nr. 16 |

| km | Strecke | Sehenswürdigkeiten |
|---|---|---|
| 25 | D127 | **AVOLSHEIM**:<br>s. Tour Nr. 16 |
| 27 | D422 | Rückfahrt nach **MOLSHEIM** |
| | | **Große Tour** (+20km)<br>**Haseltal** (ab Dinsheim) |
| | NP392 | **HEILIGENBERG**:<br>alte Häuser - Reste der Burg - alte Mühle |
| | N420 D218 | **NIEDERHASLACH**:<br>Kanonikerhäuser (17./18. Jh.) - ehem. Stiftskirche aus dem 14. Jh. (s. Erläuterungen im Anschluß) - Lapidarium |
| | D75 | **OBERHASLACH**:<br>s. Tour Nr. 17 |

## *Die Stiftskirche von Niederhaslach*

*Mit der Stiftskirche des ehemaligen Benediktinerklosters besitzt dieses Dorf ein Meisterwerk der Spätgotik aus dem 14. Jh. Errichtet wurde das Gotteshaus von Gerlach von Steinbach, dem Sohn des berühmten Münsterbauers von Straßburg, der hier auch begraben liegt. Das Bogenfeld des herrlichen Westportals (1315) zeigt Szenen aus der Florentiuslegende.*

# 27 RUND UM SCHIRMECK

## *Ban de la Roche und Umgebung*

**— 67km**
**— Gebirgig**

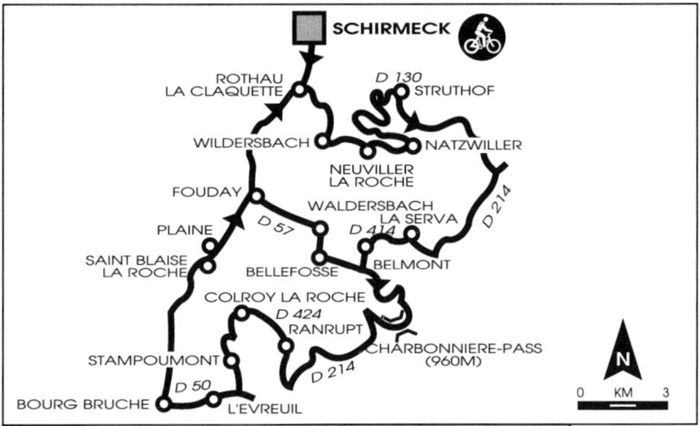


ANFAHRT MIT DEM ZUG BIS ZUM BAHNHOF SCHIRMECK

| km | Strecke | Sehenswürdigkeiten |
|---|---|---|
| 0 | | **SCHIRMECK**: ehem. Burg (hist. Museum) - Bergopré-Park - Kirchturm mit vier großen Barockstatuen - Deportiertendenkmal |
| 3 | N420 | **ROTHAU/LA CLAQUETTE**: De-Dietrich-Schloß (18. Jh.) - ev. Rundkirche (1868) |
| 6 | D130 | **WILDERSBACH**: in einem Kessel gelegenes Gebirgsdorf - steinerne Einhäuser - ev. Kirche (19. Jh.) |
| 7 | | **NEUVILLER-LA-ROCHE**: neurom. ev. Kirche (19. Jh.) - Steinhäuser - Heimatmuseum |
| 8 | | **NATZWILLER**: Barockkirche (19. Jh.) - Serva-Wasserfälle oberhalb des Orts |
| 12 | D130 | **STRUTHOF**: ehem. nationalsozialistisches Konzentrationslager - Mahnmal und Museum |
| 24 | D214 D414 | **LA SERVA**: Kapelle - Wintersportanlagen (Champ du Feu) |
| 27 | D414 | **BELMONT**: ev. Kirche (1762) mit rom. Fenstern und Säulen sowie Gemälden von 1490 |
| 39 | D57 D214 D424 | **RANRUPT**: Kapelle "Notre-Dame des Malades" mit einem ungewöhnlichen Holzdach |
| 41 | D424 | **COLROY-LA-ROCHE**: Kirche von 1779 - Häuser im Vogesenstil |
| 44 | | **STAMPOUMONT**: Kapelle- Steinhäuser |
| 46 | D50 | **L'EVREUIL**: alter Bauernhof - Mennonitenfriedhof mit interessanten Gräbern |

| km | Strecke | Sehenswürdigkeiten |
|---|---|---|
| 48 | D50 | **BOURG-BRUCHE**: Marienkapelle in der Kirche - Mennonitenhöfe (Le Hang) - schöne Aussicht vom Climont-Turm - Breuschquelle (beim Caroline-Hof) |
| 54 | N420 | **SAINT-BLAISE-LA-ROCHE**: Denkmal des Gefechts vom 14. August 1914 |
| 56 | D296 | **PLAINE**: verzierte Türstürze - Soldatenfriedhof - Kirche aus dem 18. Jh. - Kreuz von 1811 auf dem Friedhof |
| 59 | N420 | **FOUDAY**: ev. Kirche mit rom. Turm, Wandmalereien aus dem 14. Jh. und Sakramentsnische aus dem 15. Jh. - Grab von Pfarrer Oberlin auf dem Friedhof (1826) |
| 64 | N420 | **ROTHAU** |
| 67 | N420 | Rückfahrt nach **SCHIRMECK** |
| | | Abkürzung (-25km) |
| | D57 | **BELLEFOSSE**: ev. Kirche - Ruinen der Steinburg (13. Jh.) mit Resten des Bergfrieds und des Haupttrakts - herrliches Panorama - Rathaus mit Scheppler-Gedenktafel |
| | D57 | **WALDERSBACH**: ev. Kirche (1653/1750) mit Holztürmchen - Oberlinmuseum im Pfarrhaus (1787) - Vogesenhäuser - Oberlin-Allee (Linden) |
| | | *Fahrradverleih in Saales bei Brignon, 8, Rue de Senones* |

### *Johann-Friedrich Oberlin*

*Eine sehr lebendige Darstellung des außergewöhnlichen Lebens und Werks dieses Pfarrers, Ingenieurs, Architekten, Agrarwissenschaftlers, Mediziners und Pädagogen bietet das kleine Museum (sechs Räume) im ehemaligen Pfarrhaus. Besonders interessant ist sein selbst angefertigtes Lehrmaterial, mit dem er in dem abgelegenen Vogesental Kinder und Erwachsene unterrichtete und somit den Grundstein für eine nachhaltige Verbesserung der sozialen und materiellen Verhältnisse in der ärmlichen Gegend legte.*

## 28 RUND UM SÉLESTAT/SCHLETTSTADT

### *Tierpark - Tour*

**— 18km —**
**— Leicht hügelig —**

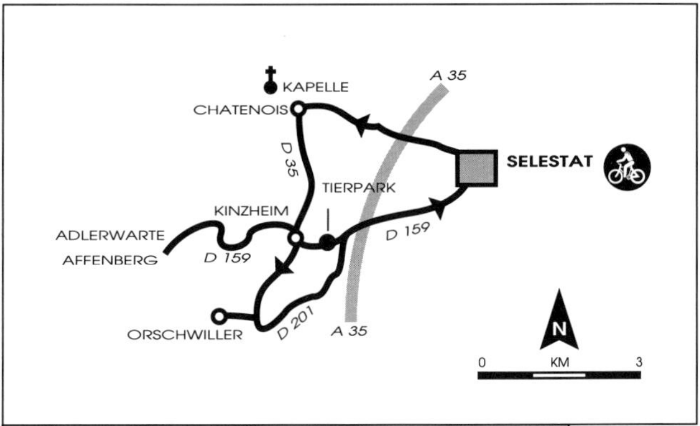


**ANFAHRT MIT DEM ZUG BIS ZUM BAHNHOF SELESTAT**

| km | Strecke | Sehenswürdigkeiten |
|---|---|---|
| 0 | östliche Ortsausfahrt, links der RN 59 | **SELESTAT/SCHLETTSTADT**: rom. Kirche Ste. Foy (12. Jh.) - - got. Kirche St. Georges (12./15. Jh.) - ehem. Franziskanerkirche (heute ev. Kirche) mit got. Chor (13. Jh.) - alte Stadttore - Reste der Stadtmauer - ehem. Zeughaus St. Barbara (14. Jh) - Humanistische Bibliothek (Museum) - alte Renaissance-Häuser - Johanniskomturei (16. Jh.) - Reste der Vauban-Befestigungen (17. Jh.) - wenig bekanntes Gerber- und Hafenviertel |
| 3 | kleine Straße südlich der RN59, die über die Kapelle St. Anne nach Chatenois führt | **CHATENOIS/KESTENHOLZ**: Kirche mit rom. Turm (ehem. Schloßturm), Adelsgrabmälern und Silbermannorgel großer -befestigter Friedhof - Reste der Stadtmauer mit Stadttor und Hexenturm (12./15. Jh.) - alte Häuser (Gasthaus zum Adler) |
| 5 | **D35** oder über den neuen Radweg | **KINTZHEIM**: Kirche von 1844 mit Altar von René Kuder - Fachwerkhäuser aus dem 16. Jh. - alte Brunnen - Willemin-Schloß (18. Jh.) - gut erhaltene Burg (s. Begleittext) |
| 9 | **D159** in Richtung Hohkönigsburg | **AFFENBERG/ MONTAGNE DES SINGES** (oberhalb der Burg): Mehrere hundert Berberaffen leben hier frei in einem für Besucher zugänglichen Kiefernwald. |

| km | Strecke | Sehenswürdigkeiten |
|---|---|---|
| | **D159**<br>oberhalb des Orts | **ADLERWARTE/VOLERIE DES AIGLES**<br>(im Hof der Burg) - Flug- und Dressurvorführungen von Adlern, Geiern und Falken bei gutem Wetter |
| **13** | **D35** | **ORSCHWILLER**:<br>schöne Häuser aus dem 15. Jh. - Barockkirche mit Orgel und Kanzel - Hohkönigsburg (12./15./20. Jh.) - herrliches Panorama und Museum |
| **18** | **D201 D159** | Rückfahrt nach **SELESTAT** über den Freizeitpark an der Schnellstraße |

***Burg Kintzheim***

*Von der Burg der Herren von Rathsamhausen (13.-15.Jh.) sind neben dem runden Bergfried mit seinem Wachturm und Wall auch noch ein Kellergewölbe und ein alter Brunnen erhalten. Der Haupttrakt weist sehr schöne gotische Spitzbogenfenster auf. Die St. Johannes dem Älteren geweihte Kapelle stammt aus dem 14. und 15. Jh. Ursprünglich besaß diese Burg eine dreifache, viereckige Umfassungsmauer.*

# 29 Rund um Sélestat/Schlettstadt

## *Nördl. Vogesenvorgebirge und Giessen*

**— 20km —**
**— Leicht hügelig —**

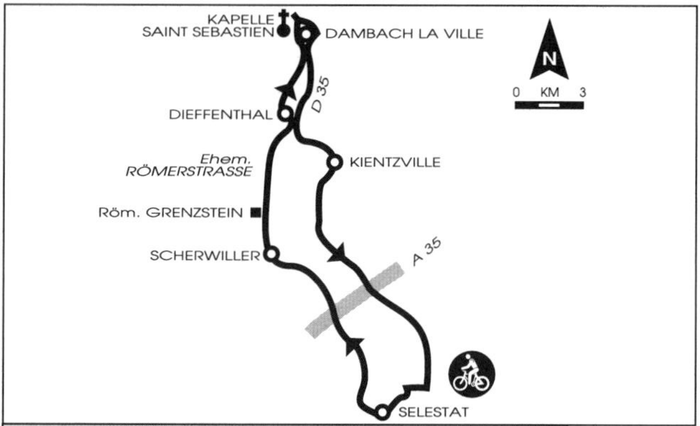


**Anfahrt mit dem Zug bis zum Bahnhof Selestat**

| km | Strecke | Sehenswürdigkeiten |
|---|---|---|
| 0 | nordöstliche Ortsausfahrt | **SELESTAT/SCHLETTSTADT**: s. Tour Nr. 28 |
| 4 | über die kleine Straße nördlich des jüdischen Friedhofs | **SCHERWILLER**: kleine Brücken und alte Waschstellen - alte Linden - alte Wache mit Fachwerkerker- zahlreiche alte Häuser (16./18. Jh.) - Kalvarienberge - Kapellen, z.B. Kapelle Ste. Odile (Votivbilder) - Weinlehrpfad |
| 6,5 | über die ehem. Römerstraße unterhalb des Tannelkreuzes | **DIEFFENTHAL**: Kirche von 1762 - alte Häuser - Wegkreuze in den Weinbergen (Weißburgunder) |
| 8,5 | nördl. Ortsausfahrt oberhalb von Dieffenthal | **DAMBACH-LA-VILLE**: Stadtmauer mit alten Toren - alte, blumengeschmückte Fachwerkhäuser - schöner Dorfplatz - Bärenbrunnen - Laden- und Wirtshausschilder - Hauller-Sammlung (Küferwerkstatt) - Marienkapelle (14. Jh.) - Weinlehrpfad |

| km | Strecke | Sehenswürdigkeiten |
|---|---|---|
| 9 | nördliche Ortsausfahrt | **CHAPELLE SAINT-SEBASTIEN/Sebastianskapelle**: got. Kirchenschiff - rom. Turm - geschnitzte Heiligenfiguren und Hochaltar (Rokoko, 1692) - Fenster aus dem 14. Jh. - Beinhaus aus dem 16. Jh. (Bauernkrieg, 1525) |
| 13 | D35 dann kleines Sträßchen links | **KIENTZVILLE**: eine ungewöhnliche Siedlung in Form einer Gartenstadt mit Holzhäuschen, gebaut 1947 von dem Textilunternehmer Kientz |
| 20 | an der Bahnlinie entlang und dann über die kleine Straße links vor dem Bahnhof Scherwiller | Rückfahrt nach **SELESTAT** |
| | | *Fahrradverleih am Bahnhof* |

***Die Ortenburg***

*Zu erreichen ist die Burg über den Wanderweg GR 5 oder die Hohnmühle am Eingang zum Weilertal (Val de Villé). Besonders eindrucksvoll an der aus dem 13. Jh. stammenden Anlage ist der 32m hohe, 3,50m dicke fünfeckige und fünfstöckige Turm, der noch einmal durch einen riesigen Mauerwall und drei Gräben geschützt wird. Die benachbarte Burg Ramstein wurde zur Belagerung der Ortenburg gebaut, die von dort aus mit riesigen Kriegsmaschinen beschossen wurde.*

# 30 RUND UM SÉLESTAT/SCHLETTSTADT

## *Die Ill-Auen*

— 25km —
— Eben —

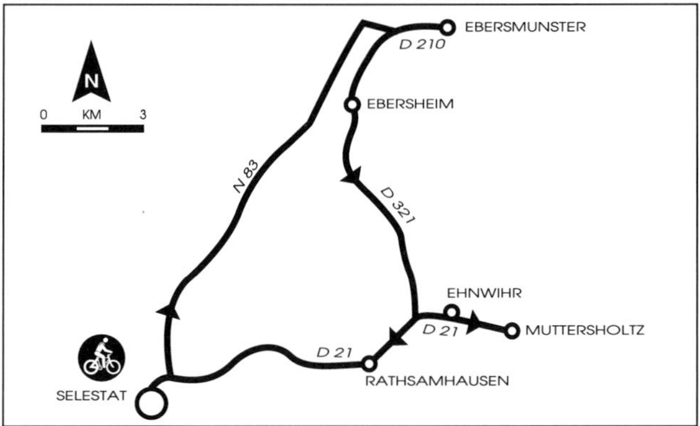


ANFAHRT MIT DEM ZUG BIS ZUM BAHNHOF SELESTAT

| km | Strecke | Sehenswürdigkeiten |
|---|---|---|
| 0 | | **SELESTAT/SCHLETTSTADT**: s. Tour Nr. 28 |
| 8 | **RN83 D210** | **EBERSMUNSTER**: barocke Abteikirche (18. Jh.) im österreichischen Vorarlbergstil (einzigartig in Frankreich) - sehr reiche Innenausstattung - Fachwerkhäuser und alte Klostergebäude |
| 10 | kleine Straße links der D210 in Richtung RN83 | **EBERSHEIM**: Barockkirche aus dem 18. Jh. mit seitlichem Zwiebelturm - Fachwerkanwesen - Pfarrhaus aus dem 18. Jh. |
| 14 | **D321 D21** | **EHNWIHR** (Abstecher nach Muttersholtz): Standort eines völlig verschwundenen Schlosses - Haus der Natur |
| 15 | **D21** | **MUTTERSHOLTZ**: ev. Kirche mit Turm aus dem 13. Jh., Chor aus dem 14. Jh. und barockem Kirchenschiff von 1733 - Wappen von Adelsfamilien - ehem. Synagoge - alte Häuser |

| km | Strecke | Sehenswürdigkeiten |
|---|---|---|
| 19 | D21 | **RATHSAMHAUSEN** (Abstecher): eindrucksvolles Fachwerkgebäude |
| 25 | D21 | Rückfahrt nach **SELESTAT** über den östlichen Stadtrand |

***Der Tabakanbau im Elsaß***

*Die ersten Tabakpflanzen brachte ein hugenottischer Flüchtling namens Benjamin Mauclair 1618 ins Elsaß, genauer gesagt nach Hanhoffen, einen südlichen Vorort von Bischwiller, wenig später führte Robert Koenigsmann am "Englischen Hof" in Bischheim den Tabakanbau ein.*

*1718 gab es bereits mehr als 70 kleine Tabakmanufakturen in der Region, 1770 lag die Produktion bei 120.000 Doppelzentnern.*

*Heute gibt es im Elsaß 1540 Bauern, die unter staatlicher Aufsicht auf 1700ha Fläche (1860 waren es noch 7400ha) hellen und dunklen Tabak anbauen.*

# 31 Rund um Sélestat/Schlettstadt

## *Das mittlere Ried (blaue Markierung)*

— 65km —
— Eben —

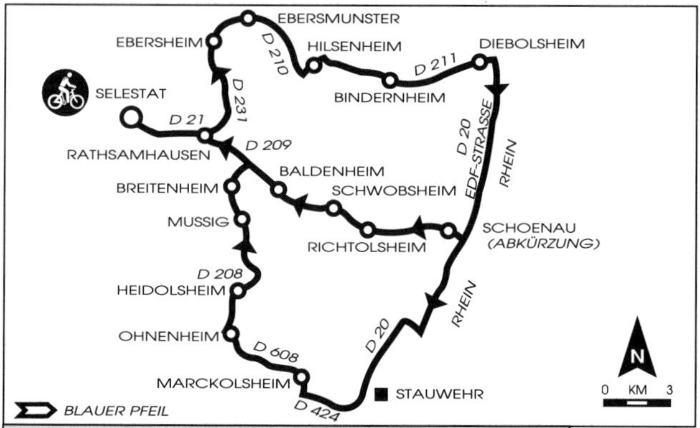


**Anfahrt mit dem Zug bis zum Bahnhof Selestat**

| km | Strecke | Sehenswürdigkeiten |
|---|---|---|
| 0 | nördl. Ortsausfahrt Viehweg | **SELESTAT/SCHLETTSTADT**: s. Tour Nr. 28 |
| 10 | D21 D321 | **EBERSHEIM**: s. Tour Nr. 30 |
| 12 | D210 | **EBERSMUNSTER**: s. Tour Nr. 30 |
| 17 | D210 | **HILSENHEIM**: Kirche aus dem 19. Jh. - Fachwerkhäuser aus dem 18. und 19. Jh. - Zehntscheune |
| 21,5 | D211 | **BINDERNHEIM**: Fachwerkhöfe - Taufkapelle von 1622 in der Kirche (19. Jh.) |
| 26,5 | D211 | **DIEBOLSHEIM**: s. Tour Nr. 21 |
| 46,5 | D20 D424 | **MARCKOLSHEIM**: moderne Kirche (1965) mit Taufbecken aus dem 11. Jh. und einer Madonna aus dem 15. Jh. - Mauchenheim-Kapelle (12./15. Jh.) mit Wandmalereien - Museum zur Maginot-Linie - Fachwerkhäuser (16./18. Jh.) |
| 50 | D608 | **OHNENHEIM**: alte Häuser - Hügelgrab |
| 52 | D208 | **HEIDOLSHEIM**: Bauernhöfe -Kirche aus dem 19. Jh.- Reste einer Römerstraße |
| 57 | D208 | **MUSSIG**: alter Ort (Hügelgrab im Westen) - Fachwerkhäuser - Taufbecken von 1617 bei der Kirche |
| 65 | D209 D21 | **SELESTAT** |

| km | Strecke | Sehenswürdigkeiten |
|---|---|---|
| | D20 | **Abkürzung** (-15km) über SCHOENAU |
| 34,5 | D209 | **SCHOENAU**: Kirche (19. Jh.) - alte Häuser - Turmhügel der zerstörten Burg von 1357 |
| 38,5 | D209 | **RICHTOLSHEIM**: schöne Fachwerkhäuser |
| 40 | D209 | **SCHWOBSHEIM**: Kirche von 1845 - Fachwerkhäuser - ehem. Römerstraße (Heidenstraße) |
| 43 | D209 | **BALDENHEIM**: ev. Kirche mit Wehrturm, rom. Kirchenschiff, got. Chor, Grabmälern und Herrschaftsloge - schöne Bauernhöfe (18. Jh.) - Fachwerkrathaus |
| 50 | D209 D21 | Rückfahrt nach **SELESTAT** |

***Römische Spuren im mittleren Ried***

*Ehl-Hevetum war in der Römerzeit ein wichtiges Lager an der Heerstraße zwischen Argentoratum (Straßburg) und Argentovaria (Horburg-Wihr). Es lag nicht nur an einem Kreuzungspunkt von fünf Straßen, sondern besaß auch noch einen kleinen Illhafen. Bei den Ausgrabungen stießen die Archäologen auf Gegenstände aus verschiedenen Teilen Galliens. Der Weiler Ehl liegt heute an der RD 282 2km nordöstlich von Benfeld in Richtung Sand. Der Ort steht heute unter Denkmalschutz.*

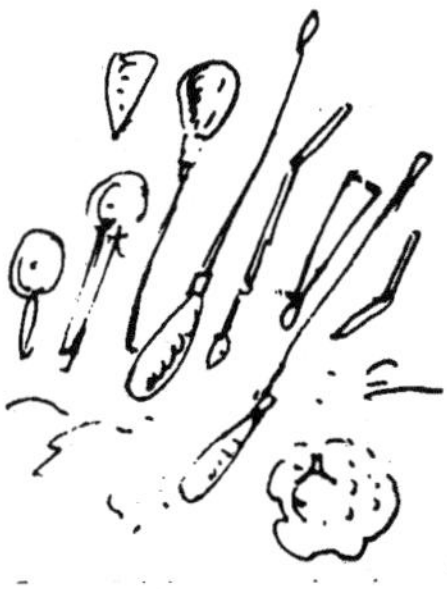

GEGENSTÄNDE FÜR DIE KÖRPERPFLEGE UND HEILBEHANDLUNG

# 32 Rund um Sélestat/Schlettstadt

## *Die Weinberge und das südliche Ried*

**— 75km —**
**— Hügelig —**

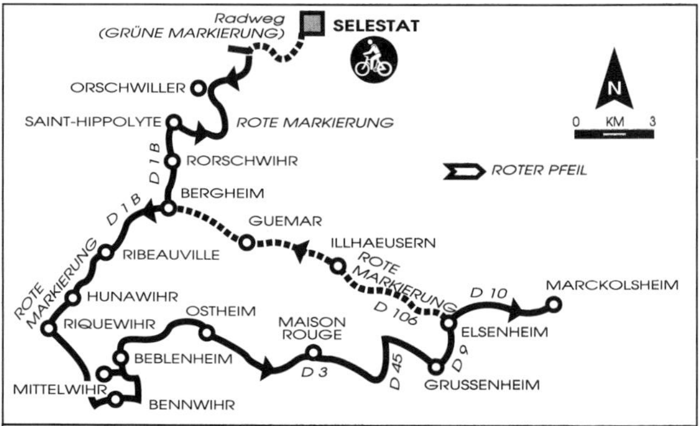


**Anfahrt mit dem Zug bis zum Bahnhof Selestat**

| km | Strecke | Sehenswürdigkeiten |
|---|---|---|
| 0 | | **SELESTAT/SCHLETTSTADT**: s. Tour Nr. 28 |
| 6 | D159 D35 | **ORSCHWILLER**: s. Tour Nr. 28 |
| 9 | D1b | **SAINT-HIPPOLYTE**: Stadtmauer mit Turm - Kirche (14./15. Jh.) mit Spitzbogengewölbe im Chor und Reliquienschrein des hl. Hippolytus (18. Jh.) - Rathaus von 1782 - schöner Renaissance-Bunnen (1555) - ehem. Schloß der Herzöge von Lothringen |
| 10,5 | D1b | **RORSCHWIHR**: Winzerdorf - Kirche aus dem 13. und 16. Jh. |
| 12 | D1b | **BERGHEIM**: mittelalt. Stadtmauer - ungewöhnliche Türme - Stadttor - Rathaus von 1776 - Gotik- und Renaissance-Häuser - Beinhaus (1550) - Schloß (Reichenberg ,1900) - Weinlehrpfad |
| 15 | D1b | **RIBEAUVILLE/RAPPOLTSWEILER**: drei Burgen und ein Renaissance-Schloß - zahlreiche Renaissance-Häuser - got. Kirchen - Stadtmauer mit Türmen - Rathaus von 1778 - schöne Orgel (1713) in der ev. Kirche - ehem. Kornlaube (1437) |
| 17,5 | kleine, von Ribeauvillé kommende Straße | **HUNAWIHR**: Renaissance-Häuser - Rathaus von 1517 - Kirche (15./16. Jh.) mit befestigtem Friedhof (polygonale Mauereinfassung), Simultankirche mit schöner Kanzel (16. Jh.), Gemälden von 1492 (hl. Nikolaus) und Orgel aus dem 18. Jh. |
| 20 | kleine Straße an der oberen südl. Ortsausfahrt von Hunawihr, die über die rue du 5 décembre nach Riquewihr führt (Ankunft oberhalb des Obertors) | **RIQUEWIHR/REICHENWEIER**: Schloß von 1540 (Postmuseum) - zahlreiche Renaissance-Häuser - Winzerkeller - Brunnen - alte Stadttore - Stadtmauer - Heimatmuseum im Dolder - Ausstellung |

| km | Strecke | Sehenswürdigkeiten |
|---|---|---|
| | | im Diebesturm - Judenhof (1509) - ev. Kirche mit Orgel (1781) |
| **24** | **Weg** | **BENNWIHR**: neu aufgebauter Winzerort - Gefallenendenkmal - Kirchenfenster von 1960 - Weinlehrpfad |
| **25,5** | Abstecher | **MITTELWIHR**: Turm der ehem. ev. Kirche (15./17. Jh.) - Mandelberg |
| **26,5** | **D3** | **BEBLENHEIM**: Fachwerkhäuser (16./17. Jh.) - alte Grabsteine - Museum Jean Mace (Rathaus) - Brunnen aus dem 15. Jh. |
| **30** | **D3 D416** | **OSTHEIM**: Gefallenendenkmal bestehend aus dem ehem. Giebel einer 1944/45 zerstörten Kirche - Schoppenwihr: Schloß mit herrlicher engl. Parkanlage |
| **34** | **D3** | **MAISON ROUGE** |
| **43** | **D45** | **GRUSSENHEIM**: schöne Anwesen - Barockkirche von 1750 mit Altar von 1724 - Pfarrhaus in einem Schloß aus dem 18. Jh. |
| **45** | **D9** | **ELSENHEIM**: Fachwerkhäuser - Hügelgrab - Römerstraße - Taufbecken aus dem 17. Jh. in der Kirche |
| **48,5** | **D10** | **MARCKOLSHEIM**: Abstecher s. Tour Nr. 31 |
| **57** | **D10 D106** | **ILLHAEUSERN**: üppiger Blumenschmuck - moderne Kirche (1958) - Panzerdenkmal (1944/45) - Feinschmeckerrestaurant "Auberge de l'Ill" |
| **60** | Route de la Fecht | **GUEMAR/GEMAR**: ehem. befestigte Stadt mit Obertor, Fischertor (14. Jh.) - ehem. Sommerresidenz der Herren von Rappoltstein - Barockkirche von 1741 - Molkenburg |
| **75** | | Rückfahrt über Bergheim und Saint-Hippolyte nach **SELESTAT** |

***Ein Klima wie im Süden***

*Im Schutz der Hochvogesen erstreckt sich zwischen Sélestat und Rouffach ein Gebiet mit submediterranem Klima (jährliche Niederschlagsmenge nur 450 bis 500mm). Sichtbare Zeichen dafür sind u.a. der Judasbaum im Waldner-Stephan-Hof in Colmar, der Feigenbaum im Hof der Winzergenossenschaft Benwihr, die Mandelbäume in Mittelwihr sowie die Trockenwiesen im Dessenheimer Wald, dessen Bäume wegen des Wassermangels kleiner sind als üblich.*

# 33 Rund um Sélestat/Schlettstadt

## *Die mittleren Vogesen (grüne Markierung)*

— 50km
— Gebirgig

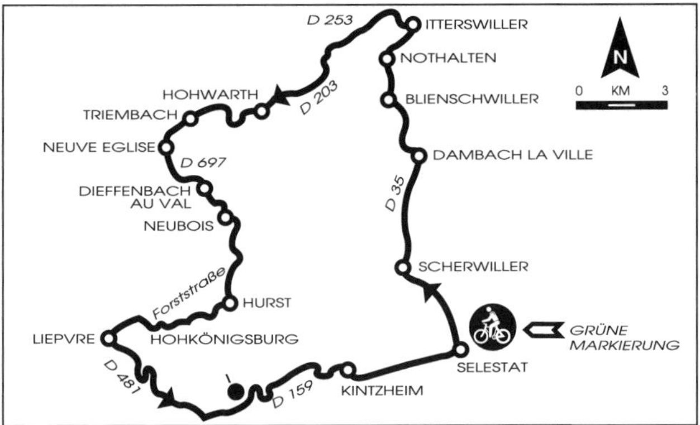


**Anfahrt mit dem Zug bis zum Bahnhof Selestat**

| km | Strecke | Sehenswürdigkeiten |
|---|---|---|
| 0 | den grünen Schildern folgend | **SELESTAT/SCHLETTSTADT**: s. Tour Nr. 28 |
| 4 | D35 | **SCHERWILLER**: s. Tour Nr. 29 |
| 8 | D35 | **DAMBACH-LA-VILLE**: s. Tour Nr. 29 |
| 10 | D35 | **BLIENSCHWILLER**: Rathaus von 1602 -Renaissance-Brunnen - alte Häuser - Kirche (1732) mit rom./got. Turm und Chor im Louis-Quinze-Stil - Brunnen |
| 12 | D35 | **NOTHALTEN**: Winzerdorf - Häuser aus dem 17. und 18. Jh.- Brunnen aus dem 16. Jh. |
| 13 | D35 | **ITTERSWILLER**: s. Tour Nr. 21 |
| 20 | D253 D203 | **HOHWARTH**: Wallfahrtskirche St. Gilles (1811) mit Wandgemälden von René Kuder |
| 23 | D203 | **TRIEMBACH-AU-VAL**: zahlreiche alte Häuser mit bemerkenswerten Türen und Türeinfassungen - Gasthaus aus dem 18. Jh. - Kirche von 1776 |

| km | Strecke | Sehenswürdigkeiten |
|---|---|---|
| 24 | D697 | **NEUVE-EGLISE**: Barockkirche von 1735 mit rom. Turm und Christkönigsdarstellung von René Kuder |
| 26 | | **DIEFFENBACH-AU-VAL**: Kirche mit rom. Turm und got. Chor |
| 28 | südl. Ortsausfahrt | **NEUBOIS**: mittelalterliche Frankenburg (703m) und Reste eines frühgesch. Steinwalls - Steinhäuser |
| 31 | **Forststraße** | **HURST** (Weiler): Eingang zum Weilertal |
| 36 | **Forststraße** | **LIEPVRE**: Kirche (1752) mit rom. Turm - Kapelle - rom. Beinhaus (Friedhof) - Geigenfelsen |
| 46 | D48 1b1 | **KINTZHEIM**: |
| | D159 | s. Tour. Nr. 28 |
| 50 | | Rückfahrt nach **SELESTAT** (Radweg Kintzheim-Sélestat) |

***Der Maler René Kuder (1882-1962)***

DIE FRUCHTBAREN JAHRE

*Der in Villé geborene Maler führte in den elsässischen Kirchen einen neuen Stil ein. Die ungeschliffenen, grobschlächtigen Gesichter seiner Figuren haben nichts mit den üblichen biblischen Darstellungen gemein, seine Motive waren die Handwerker und Bauern des Weilertals. Mit René Kuder hielt die Arbeitswelt Einzug in die Gotteshäuser und öffentlichen Gebäude.*

34

## Rund um Barr

### *Von Barr nach Lièpvre (mit Anschlußmöglichkeit zur Tour Nr. 33)*

— 36km —
— Gebirgig —

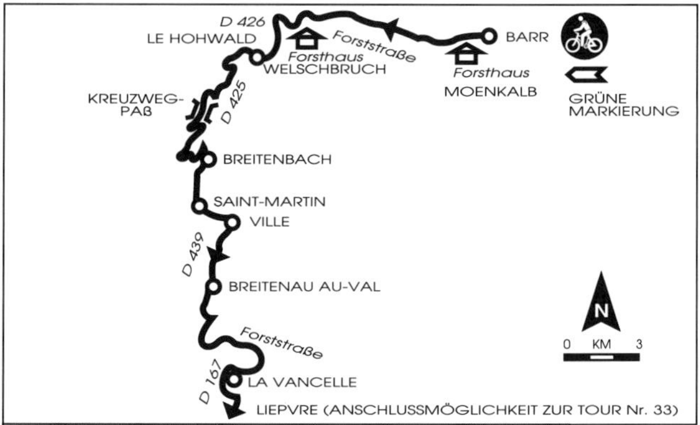


Anfahrt mit dem Zug bis zum Bahnhof Barr

| km | Strecke | Sehenswürdigkeiten |
|---|---|---|
| 0 | | **BARR**<br>s. Tour Nr. 20 |
| 7 | | **Forsthaus WELSCHBRUCH** |
| 10 | Forststraße | **LE HOHWALD**<br>Villen aus der Jahrhundertwende - Schlittenmuseum - alte Vogesenhöfe - Wasserfall - Luisental |
| 17 | D425 | **BREITENBACH**<br>alte Mühlräder - Kirche aus dem 18. Jh. |
| 19 | D425 | **SAINT-MARTIN**<br>Abtei Honcourt - Kirche aus dem 18. Jh. |
| 21 | D424 | **VILLE/WEILER**<br>bekannt für seine Kirschwasserbrennereien - schönes Erkergebäude - Barockkirche von 1757 - Häuser aus dem 18. Jh. |

| km | Strecke | Sehenswürdigkeiten |
|---|---|---|
| | | **Empfehlenswerter Abstecher** (3km hin und zurück) |
| 22,5 | D439 | **ALBE**<br>blumengeschmücktes Dorf - im Elsaß einzigartige Vogeseneinhäuser mit steinernem Untergeschoß und Fachwerkgiebel mit Balkon (zu Winzeranwesen umgebaute Bergbauernhöfe) -Heimatmuseum des Weilertals - Napoleonbank (1811) |
| 26 | D439<br>**Forststraße** | **BREITENAU-AU-VAL**<br>alte Kapelle - eindrucksvolle Felsen |
| 36 | **Forststraße**<br>D167 | **LIEPVRE**<br>Anschluß an die Tour Nr. 33 |
| | | *Fahrradverleih in Villé im Geschäft Hertzog, und in Le Hohwald in der Bäckerei "Le Moulin"* |

***Das Weilertal und seine Schnapsbrennereien***

*Die bekanntesten Erzeugnisse aus dem Weilertal sind Birnen-, Kirsch-, Mirabellen-, Zwetschgenwasser und Waldhimbeergeist, die ungewöhnlichsten Heidelbeer-, Ebereschen-, Schlehen-, Elsbeeren-, Holunder- und Hagebuttenschnäpse und am seltensten zu finden ist Schnaps aus Stechpalmenbeeren.*
*In Steige, Saint-Martin, Albé, Maisonsgoutte, Hohwarth und Saint-Maurice können nach vorheriger Anmeldung Brennereien besichtigt werden, das Schnapsmuseum liegt weiter südlich in Lapoutroie (täglich geöffnet).*

# Rund um Marckolsheim

## *Tour 1 durch das Ried und die Weinberge*

**— 63km —**
**— Eben —**

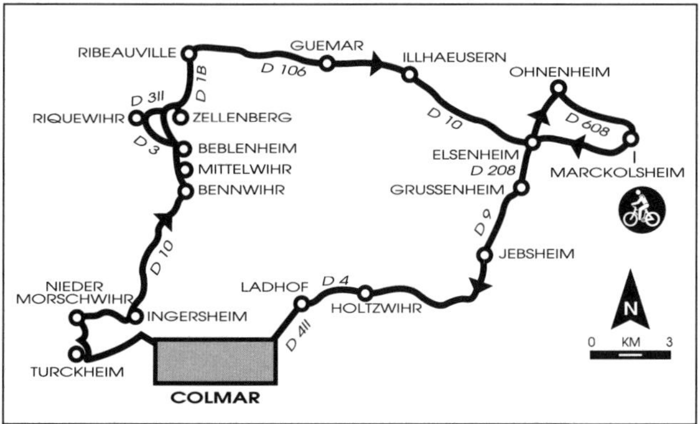


**Anfahrt mit dem Zug bis zum Bahnhof Colmar**

| km | Strecke | Sehenswürdigkeiten |
|---|---|---|
| 0 | | **MARCKOLSHEIM**: s. Tour Nr. 31 |
| 3,5 | D10 | **ELSENHEIM**: s. Tour Nr. 32 |
| 5,5 | D208 D9 | **GRUSSENHEIM**: s. Tour Nr. 32 |
| 8 | D9 | **JEBSHEIM**: Kirche rom. Ursprungs mit Grabsteinen der Adelsfamilie Berckheim (14.-16. Jh.) und Wandmalereien aus dem 16. Jh. im got. Chor sowie bemerkenswerten Fenstern |
| 14,5 | D9 D4 | **HOLTZWIHR**: nach der Schlacht von 1944/45 neu aufgebautes Dorf mit üppigem Blumenschmuck - moderne Kirche (1956) |
| 16,5 | D4 | **LADHOF** |
| 20,5 | D4" | **COLMAR**: els. Weinmetropole - alte Stadtviertel mit sehr schönen Anwesen wie z. B. dem Huselin zum Swan, dem Haus Pfister, dem Kopfhaus, dem Arkadenhaus oder dem Johanniterhaus - altes Zollhaus (1480) - Gerberviertel und "Klein-Venedig" - Gerichtsgebäude (1771) - Martinsmünster (12./14. Jh.) - Dominikanerkirche (13./14. Jh.) - ev. Matthäuskirche (14. Jh.) - Unterlinden - Naturgeschichte - Bartholdi - Spielzeug - Museum |
| 25 | D10 | **TURCKHEIM**: Stadtmauer und Tore - zahlreiche alte Häuser, u.a. in der Grand'Rue - Kirche mit Turm aus dem 12. Jh. - Renaissance-Rathaus (1595) - Gasthof "Zu den zwei Schlüsseln" (1620) - Spital von 1662 mit Kapelle - alte Wache - Turenne-Denkmal - Weinlehrpfad am Brand |

| km | Strecke | Sehenswürdigkeiten |
|---|---|---|
| 26 | D10 VII | **NIEDERMORSCHWIHR**: zahlreiche Renaissance-Häuser - für das Loire-Tal typischer Kirchturm aus dem 13. Jh. - Silbermann-Orgel von 1726 |
| 28 | D11" | **INGERSHEIM**: Winzerstädtchen - Rathaus aus dem 18. Jh. - Renaissance-Häuser (z.B. das ehem. Rathaus von 1461) - Barockkirche mit rom. Turm - Hexenturm (12. Jh.) |
| 33 | D10 | **BENNWIHR**: s. Tour Nr. 32 |
| 34 | D10 | **MITTELWIHR**: s. Tour Nr. 32 |
| 35 | D10 | **BEBLENHEIM**: s. Tour Nr. 32 |
| 37 | D3-D3" | **RIQUEWIHR**: s. Tour Nr. 32 |
| 39 | D1b | **ZELLENBERG**: Reste der Stadtmauer (Tore) - schöne Häuser (16./17. Jh.) - Kirche (1752) mit alten Glocken (1410-1445) und Louis-Seize-Ausstattung - Holzkreuz (16. Jh.) |
| 41 | D1b | **RIBEAUVILLE/RAPPOLTSTEIN**: s. Tour Nr. 32 |
| 46,5 | D106 | **GUEMAR/GEMAR**: s. Tour Nr. 32 |
| 50 | D106 | **ILLHAEUSERN**: s. Tour Nr. 32 |
| 56 | D106 D10 | **ELSENHEIM**: s. Tour Nr. 32 |
| 59 | D208 | **OHNENHEIM**: Rieddorf - Kirche von 1786 mit Wandgemälden - alte Mühle - Bauernhäuser - Hügelgrab |
| 63 | D608 | Rückfahrt nach **MARCKOLSHEIM** |
| | | *Fahrradverleih in Marckolsheim* |

***Die alten Gebäude in Turckheim***

*Am interessantesten sind hier:*

- *das Haus Nr. 85 (Fachwerkerker) in der Rue des Vignerons*
- *das Haus Nr. 4 (1621) in der Rue Wickram*
- *die Häuser Nr. 2, 4, 13, 19, 42, 45 (1605), 47 (1616), 75, 79 (1578), 83, 85, 96 (1563) in der Grand'Rue*
- *das Gasthaus "Zu den zwei Schlüsseln" (Nr. 3) mit seinem Erker in der Rue du Conseil*
- *die alte Wache (1580) am Place Wickram*
- *das Spital (1662) in der Impasse Roesch*

# 36 Rund um Marckolsheim

## *Tour 2 durch das Ried und die Weinberge*

**— 63km —**
**— Leicht hügelig —**

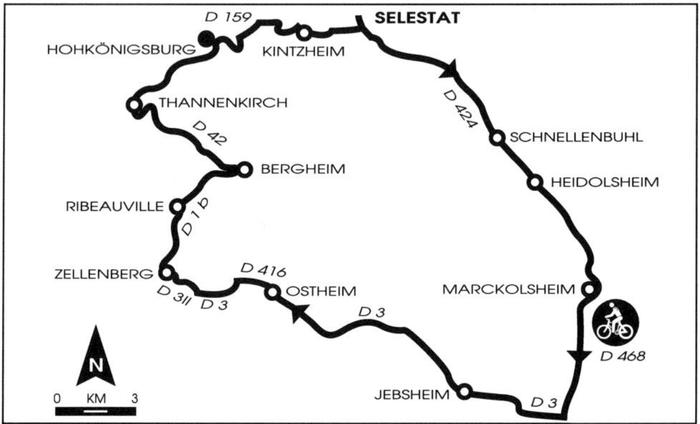


**Anfahrt mit dem Zug bis zum Bahnhof Selestat**

| km | Strecke | Sehenswürdigkeiten |
|---|---|---|
| 0 | | **MARCKOLSHEIM**: moderne Kirche von 1965 (Taufbecken aus dem 11. und Madonna aus dem 15. Jh.) - Mauchenheim-Kapelle (12./15. Jh.) mit Wandgemälden - Museum zur Maginot-Linie - Fachwerkhäuser (16.-18. Jh.) |
| 9,5 | **D468 D3** | **JEBSHEIM**: Kirche rom. Ursprungs mit Grabmälern der Familie Berckheim (14.-16. Jh.), Wandgemälden aus dem 16. Jh. im got. Chor und alten Kirchenfenstern |
| 18,5 | **D3 D416** | **OSTHEIM**: s. Tour Nr. 32 |
| 22 | **D416 D3 D3"** | **ZELLENBERG**: s. Tour Nr. 35 |
| 25 | **D1b** | **RIBEAUVILLE/RAPPOLTSTEIN**: s. Tour Nr. 32 |
| 28,5 | **D1b** | **BERGHEIM**: mittelalterliche Stadtmauer - ungewöhnliche Türme - Obertor - Rathaus von 1776 - Gotik- und Renaissance-Häuser - Beinhaus (1550) - Schloß (Reichenberg, 1900) - Weinlehrpfad |
| 35 | **D42** | **THANNENKIRCH**: Kirche von 1769 mit neorom.Turm - kleine Kapelle mit einer in eine Eiche geschnitzten Madonna (Notre- |

| km | Strecke | Sehenswürdigkeiten |
|---|---|---|
| | | Dame des Bois,1952) - Taennchel (s. Begleittext) - schöner Wald |
| 46 | D42 D159 | **KINTZHEIM**: s. Tour Nr. 28 (Radweg) |
| 50,5 | D159 | **SELESTAT/SCHLETTSTADT**: s. Tour Nr. 28 |
| 57 | D424 | **SCHNELLENBUHL**: Kapelle von 1683 - mittelalt. Turmberg |
| 59 | D424 | **HEIDOLSHEIM**: alte Fachwerkhäuser - Kirche aus dem 19. Jh. - Römerstraße - Hügelgrab |
| 63 | D424 | Rückfahrt nach **MARCKOLSHEIM** |

***Das Taennchel-Felsenmassiv***

*Es umfasst eine ganze Reihe, durch Verwitterung entstandener, bizarrer Felsengebilde. Zu den originellsten zählen dabei der Riesen-, der Reptilien- und die Drei-Tisch-Felsen, die über den mit einem gelben Rechteck gekennzeichneten Wanderweg von Thannenkirch aus zu erreichen sind (Hin- und Rückweg 2 Std.). Interessant auch der Bellevue-, der Titanen-, der Udine- und der Wachfelsen sowie die Höhlen der Geisterquelle. Zu ihnen führt vom Forsthaus Schlumberger (Sequoia) ein mit einem gelben Dreieck und später mit einem rot-weiß-roten Rechteck gekennzeichneter Weg.*

## 37 RUND UM MARCKOLSHEIM

### *Tour 3 durch die mittelelsässische Ebene und das Ried*

— 31km —
— Eben —

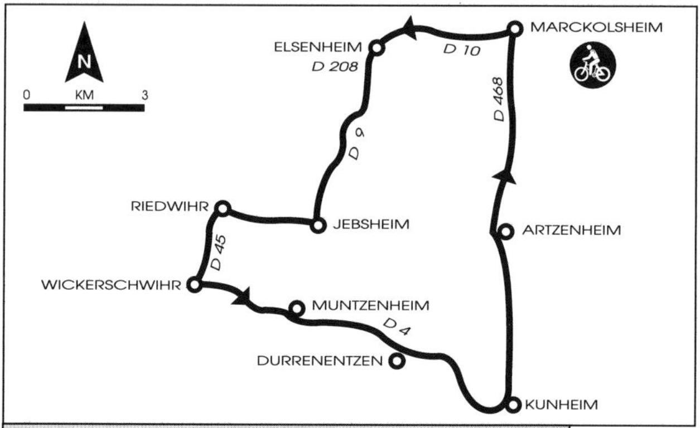


**ANFAHRT MIT DEM ZUG BIS ZUM BAHNHOF SELESTAT**

| km | Strecke | Sehenswürdigkeiten |
|---|---|---|
| 0 | | **MARCKOLSHEIM**: s. Tour Nr. 31 |
| 3,5 | D10 | **ELSENHEIM**: s. Tour Nr. 35 |
| 9 | D208 D9 | **JEBSHEIM**: s. Tour Nr. 35 |
| 11 | D31 | **RIEDWIHR**: Kirche aus dem 19. Jh. - Hügelgrab (im Ortsteil "Herten") - örtliche Sauerkrautspezialität |
| 13 | D45 | **WICKERSCHWIHR**: Kirche aus dem 19. Jh. mit mod. Turm - Sauerkrautherstellung - ehem. Römerstraße |
| 16 | D4 | **MUNTZENHEIM**: alte Häuser - Simultankirche mit rom. Kirchenschiff und got. Turm - Hügelgrab |
| 19 | D4 | **DURRENENTZEN**: Simultankirche von 1848 mit rom. Turm - Reste der Römerstraße |

| km | Strecke | Sehenswürdigkeiten |
|---|---|---|
| 21 | D4 | **KUNHEIM**: bemalte Häuser - Gedenkstätte des alten Dorfs - moderne ev. Kirche mit bemerkenswerten Wandmalereien und Fenstern - Reste einer röm. Siedlung |
| 25 | D468 | **ARTZENHEIM**: Kirche von 1851 - alte Mühlen - Rheininsel - ehem. Römerstraße |
| 31 | D468 | Rückfahrt nach **MARCKOLSHEIM** |

***Das Museum der römischen Siedlung Biesheim***
*(3km südlich von Kunheim an der D 468)*

*Das erst vor kurzem in einem modernen Gebäude (Le Capitole) eingerichtete Museum zeigt Gegenstände, die bei Ausgrabungen eines bedeutenden römischen Militärlagers am Nordrand der Gemeinde zutagegefördert wurden.*
*Die Ausstellungsobjekte vermitteln einen Eindruck vom Alltagsleben, dem Totenkult, der Religionsausübung sowie den militärischen und geschäftlichen Aktivitäten der Römer, dem Handwerk und der Medizin der damaligen Zeit.*

# 38 RUND UM COLMAR

## *Das Münstertal*

**— 46km —**
**— Gebirgig —**

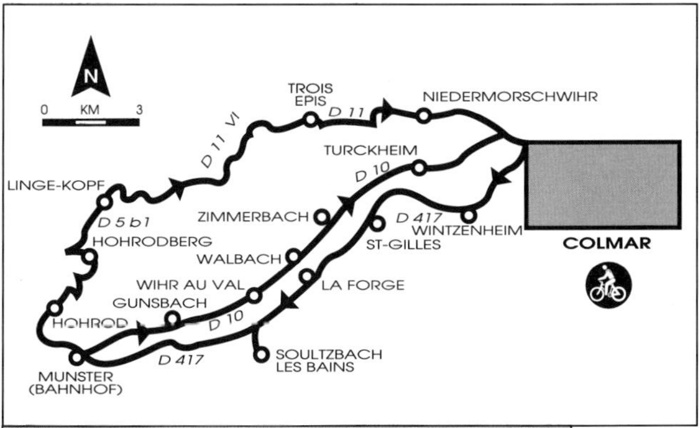


ANFAHRT MIT DEM ZUG BIS ZUM BAHNHOF COLMAR

| km | Strecke | Sehenswürdigkeiten |
|---|---|---|
| **0** | | **COLMAR**: s. Tour Nr. 35 |
| **3** | **D417** | **WINTZENHEIM**: alte Winzeranwesen (16.-18. Jh.) - Marienbrunnen (1756) - Rathaus mit rom. und got. Teilen (ehem. Komturei) - Reste der Stadtmauer - Logelbach-Kirche |
| **6** | **D417** | **SAINT-GILLES**: ehem. Priorat der Schweizer Abtei Peterlingen (14. Jh.) mit Resten von Wandmalereien |
| **8** | **D417** | **LA FORGE/SCHMIEDE**: ehem. Kiener-Schloß |
| **11** | **D417 D2** | **SOULTZBACH-LES-BAINS** (Abstecher): zahlr. Fachwerkhäuser (18. Jh.) - Michaelskapelle (15. Jh.) - ehem. Schloß (Altersheim) - Brunnen von 1601 - Kirche (14./15. Jh.) mit bemerkenswerten Grabsteinen |
| **17** | **D417** | **MUNSTER/MÜNSTER**: neurom. ev. Kirche - neugot. kath. Kirche - Rathaus (1550) - ehem. Markthalle (Laub) von 1503 - Reste eines Klosters - bemerkenswerte Bäume im Hartmann- und Schweitzer-Park - Storchengehege |
| **20** | **D417 D5b1** | **HOHROD**: Vogesenhöfe - schöne Aussicht |
| **22** | **D5b1** | **HOHRODBERG**: sehr schön gelegener Weiler - Rundblick |
| **25** | **D5b1** | **LE LINGE/LINGEKOPF**: ehem. Schlachtfeld aus dem 1. Weltkrieg - franz. Soldatenfriedhof (Wettstein) - deutscher Soldatenfriedhof (Bärenstall) - hist. Museum |

| km | Strecke | Sehenswürdigkeiten |
|---|---|---|
| 35 | D11VI | **TROIS-EPIS/DREI ÄHREN**: Luftkurort - Wallfahrtskapelle mit |
| | D11 | got. Chor (1493) - Votivbilder - alte Heiligenfiguren |
| 40,5 | D11II | **NIEDERMOHRSCHWIHR**: s. Tour Nr. 35 |
| 46 | D11II | Rückfahrt nach **COLMAR** |
| | | Rückfahrt über das Tal (insgesamt 35km lange, leichte Strecke) |
| 17 | | **MUNSTER/MÜNSTER** |
| 20 | D10 | **GUNSBACH/GÜNSBACH**: einer der spitzesten Kirchtürme im Elsaß - nach den Plänen Albert Schweitzers gebaute Orgel - Museum im Geburtshaus von Dr. Schweitzer - Museum für afrikanische Kunst (Gabun) im Rathaus - Schweitzer-Denkmal |
| 22 | D10 | **WIHR-AU-VAL/WEIER IM TAL**: Winzerort mit Wehrturm - Michaelskapelle (15.Jh.) mit Beinhaus - Kreuzweg und Kapelle von 1737 - schöne Aussicht |
| 24 | D10 | **WALBACH**: Winzerort - alte Häuser - Renaissance-Herrenhaus mit Fachwerk - neoklassizistische Kirche von 1840 mit Wandmalereien und Barockkanzel |
| 26 | D10 | **ZIMMERBACH**: Winzerort - Kirche rom. Ursprungs mit got. Chor und Tabernakel - Beinhaus von 1619 auf dem Friedhof - Wallfahrtskapelle oberhalb des Orts (schöne Aussicht) |
| 29 | D10 | **TURCKHEIM**: s. Tour Nr. 35 |
| 35 | D10 | Rückfahrt nach **COLMAR** über Ingersheim |

***Weitere Sehenswürdigkeiten im Münstertal***

- *Griesbach-au-Val: Häuser aus dem 16. Jh. und Schwarzenburg (13./15.Jh.)*
- *Muhlbach-sur-Munster: Schlitten- und Holzhandwerksmuseum*
- *Soultzbach-les-Bains: Burgen Haneck, Schrankenfels, Burgthalerschloß, Laubeck und Hattstatt*
- *Stosswihr: Militärmuseum (1. Weltkrieg)*

39

# RUND UM COLMAR

## *Durch die Weinberge zwischen Fecht und Lauch*

**— 55km**
**— Hügelig**

ANFAHRT MIT DEM ZUG BIS ZUM BAHNHOF COLMAR

| km | Strecke | Sehenswürdigkeiten |
|---|---|---|
| 0 | | **COLMAR**: s. Tour Nr. 35 |
| 4 | D417 D1bII | **WETTOLSHEIM**: Häuser aus dem 16. und 17. Jh. - Kirche von 1782 mit Barockgestühl und Orgel (1790) - Lourdes-Grotte |
| 7 | N83 | **EGUISHEIM**: befestigtes Runddorf - Zehnthöfe und Häuser aus dem 16. und 17. Jh. - Portal der ehem. Kirche (1235) in dem neuen Gotteshaus (1807) - Reste der achteckigen Burg (13./15. Jh.) - Leokapelle |
| 10 | D14 | **HUSSEREN-LES-CHATEAUX** (390m): Taufbecken aus dem 12. Jh. in der Pfarrkirche - alte Häuser - schöne Aussicht |
| 12 | D1 | **OBERMOHRSCHWIHR**: Wehrkirche (1718) mit Fachwerkturm (13. Jh.) - schöne, geschnitzte Kanzel aus dem 16. Jh. - Winzerhöfe |
| 14 | D1 D1V | **HATTSTATT**: ehem. befestigte Stadt - Kirche mit rom. Schiff, got. Chor und mittelalt. Bildhauerarbeit - Renaissance-Rathaus - alte Häuser |
| 16 | D1V | **GUEBERSCHWIHR**: Kirche mit wunderschönem rom. Turm und Wandmalereien - Reste der alten Kirche - zahlr. Renaissance-Häuser - Schloß - Brücke von 1538 |
| 18 | D1V | **PFAFFENHEIM**: Renaissance-Häuser - Kirche mit Chor aus dem 13. Jh. - Schauenberg-Kapelle (17. Jh.) mit Votivbildern und herrlicher Aussicht - Weinlehrpfad |

| km | Strecke | Sehenswürdigkeiten |
|---|---|---|
| 21 | **N83 (2km)** | **ROUFFACH/RUFACH**: zahlr. historische Bauten - rom.-got. Kirche (13./11. Jh.) mit alten Fenstern, Tabernakel, Chorgestühl, Taufbecken und Adelsgrabmälern - Franziskanerkirche (15. Jh.) mit Chorgestühl, Grabmälern und einer seltenen Außenkanzel - alte Häuser - hist. Museum - Isenburg - Kornhaus (16. Jh.) - Haus des Liebfrauenwerks von 1490 (s. Begleittext) |
| 24 | kleines Sträßchen links der RN 83 | **GUNDOLSHEIM**: ehem. Wehrdorf - Kirche von 1834 mit rom. Turm und Kirchenschiff aus dem 18. Jh. - Renaissance-Häuser |
| 27 | **D15 D18b** | **WESTHALTEN**: Häuser aus dem 16. und 17. Jh. - alte Brunnen - Weinlehrpfad - Weinberge oberhalb des Orts |
| 29 | **D18b** | **SOULTZMATT**: Thermalquellen - teilw. rom. Kirche - Grabsteine - Wagenburg (15.Jh.) - Weinlehrpfad - Schaefferthal-Kapelle mit got. Chor und Wandgemälden aus dem 17. Jh. - klimatisch bes. begünstigte Weinberge oberhalb des Orts |
| 32 | **D40III** | **WINTZFELDEN**: Kirche mit rom. Turm und got. Chor - Lapidariensammlung aus dem Kloster Schwarzenthann (11. Jh.) |
| 34 | **D40** | **OSENBACH**: mitten im Wald gelegener Ort - Kirche mit rom. Turm und dem ehem. Chor als Sakristei - Brunnen - Kalvarienberge |
| 39 | **D40 D1V** | **Kloster Saint-Marc**: 676 gegründetes, mehrmals zerstörtes Kloster mit Portal von 1762 |
| 43 | kleine, im Norden um Gueberschwihr herumführende Straße | **VOEGTLINSHOFFEN**: Kirche von 1788 mit schönem Inventar und Orgel (1750) - Fachwerkhäuser - Brunnen - Reste rom. Steindenkmäler (Centre médical de Marbach) |
| 55 | | Rückfahrt über Husseren, Eguisheim und Wettolsheim nach **COLMAR** |

### *Das Winzerstädtchen Rouffach*

*Der alte Stadtkern mit seinen herrlichen Bürgerhäusern verdient unbedingt einen längeren Aufenthalt. Am besten stellt man das Rad ab und bummelt zu Fuß durch die Gassen, die eine Vielzahl verborgener architektonischer Schätze aufzuweisen haben.*

# 40 RUND UM NEUF-BRISACH/NEUBREISACH

## *Die Vauban-Stadt und ihre Umgebung*

**— 43km —**
**— Eben —**

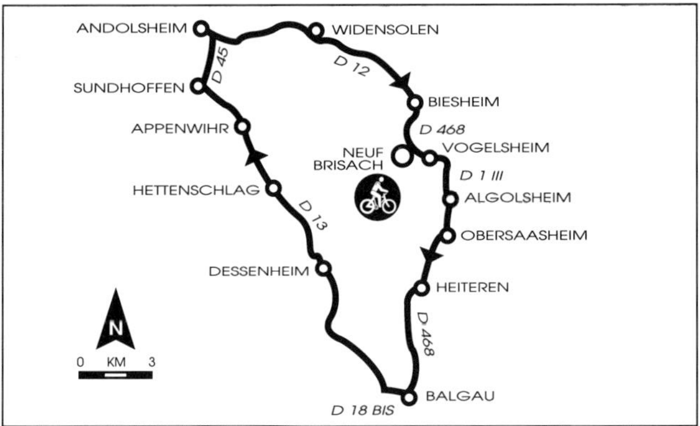


**ANFAHRT MIT DEM ZUG BIS ZUM BAHNHOF COLMAR**

| km | Strecke | Sehenswürdigkeiten |
|---|---|---|
| 0 | östl. Ortsausfahrt | **NEUF-BRISACH/NEUBREISACH**: von Vauban zur Festung ausgebaute Stadt - Kirche von 1736 mit einem Altar (1763) aus Gambsheim - Rathaus von 1701 (s. Erläuterungen im Anschlußtext) |
| 1 | Straße entlang der Bahnlinie | **VOGELSHEIM**: Wasserkraftwerk - ehem. Mortier-Fort (vorgelagerte Festung von Neubreisach) - Touristenbahn mit Museumsdepot (altes Eisenbahnzubehör) |
| 3 | D1III | **ALGOLSHEIM**: kath. Kirche von 1765 - ev. Kirche von 1862 im Neorenaissance-Stil - alte Römerstraße |
| 5 | D1III | **OBERSAASHEIM**: Kirche aus dem 19. Jh. mit Barockaltar aus dem 18. Jh. |
| 7 | D1III | **HEITEREN**: neoklassizistische Kirche (1840) - ehem. Mühle (im Osten des Orts) - Marienwallfahrtsort Thierhurst |
| 11,5 | D468 | **BALGAU**: Kirche von 1861 - alte Häuser - Reste einer Römerstraße (im Westen) |
| 19 | D18b D13 | **DESSENHEIM**: südländische Klimazone mit Trockenwiesen und verkümmerten Bäumen - alte Bauernhöfe - beeindruckende Kirche - "Hardt-Münster" (1874) |

| km | Strecke | Sehenswürdigkeiten |
|---|---|---|
| 23 | D13 | **HETTENSCHLAG**: Kirche aus dem 19. Jh. - alte Bauernhäuser |
| 26 | D13 | **APPENWIHR**: ev. Kirche mit rom. Turm und got. Sakramentsnische - Fachwerkhäuser - Hügelgrab |
| 29 | D13 | **SUNDHOFFEN**: kath. und ev. Kirche (19. Jh.) - Fachwerkhöfe mit eindrucksvollen Toren |
| 31,5 | D45 | **ANDOLSHEIM**: ev. Kirche mit got. Turm und Chor und barokkem Kirchenschiff - Bauernhäuser aus dem 18. und 19. Jh. |
| 36 | N415 D12 | **WIDENSOLEN**: alte Häuser - Kirche von 1867 mit teilweise barocker Ausstattung |
| 40 | D12 | **BIESHEIM**: mod. Kirche (1950) - Herrenhaus aus dem 18. Jh. - ehem. röm. Siedlung (s. Begleittext Tour Nr. 37) - Museen |
| 43 | D468 | Rückfahrt nach **NEUF-BRISACH** |

### *Neuf-Brisach/Neubreisach*

### *Ein Musterbeispiel der Kunst des Festungsbaumeisters Vauban*

*Die zwischen 1699 und 1709 errichtete Stadt besitzt einen doppelten Befestigungsgürtel. Der Zugang zur Stadt erfolgte früher durch vier Tore, angelegt nach den Himmelsrichtungen. Davon sind heute noch das Colmarer Tor im Westen und das Belforter Tor im Süden erhalten. In letzterem befindet sich ein interessantes Vauban-Museum mit einem Stadtmodell. Das Basler Tor im Osten und das Straßburger Tor im Norden wurden zerstört.*

# 41 Rund um Rouffach/Rufach

## *Am Vauban-Kanal*

— 54km
— Eben

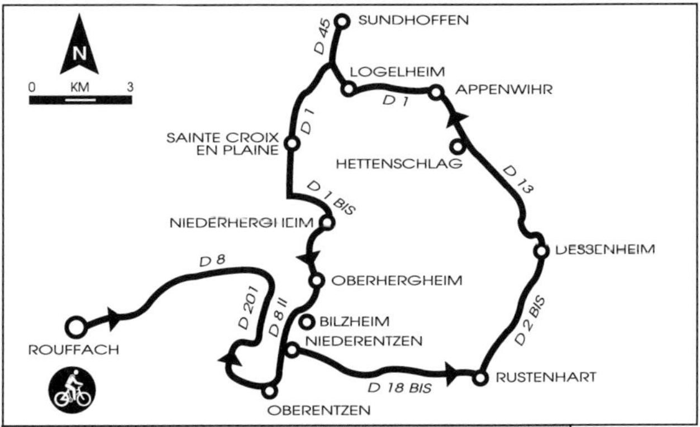


ANFAHRT MIT DEM ZUG BIS ZUM BAHNHOF ROUFFACH

| km | Strecke | Sehenswürdigkeiten |
|---|---|---|
| 0 | östliche Ortsausfahrt und dann an der Bahn entlang | **ROUFFACH/RUFACH**: s. Tour Nr. 39 |
| 7 | D18b D2O1 | **OBERENTZEN**: alte Bauernhöfe - Kirche von 1740 mit Kanzel, Barockinventar und Rabiny-Callinet-Orgel von 1787 |
| 8 | D8II D18b | **NIEDERENTZEN**: Kirche von 1719 mit got. Chor und Inventar aus dem 18. Jh. - Fachwerkhäuser |
| 14 | D18b | **RUSTENHART**: alte Häuser - Kirche aus dem 19. Jh. mit einem Turm von 1710 - Anabaptistensiedlung mit Friedhof im östlichen Teil des Orts (Rheinfelderhof/ehem. Zisterzienserscheune) |
| 18 | D2b | **DESSENHEIM** s. Tour Nr. 40 |
| 25 | D13 | **APPENWIHR** s. Tour Nr. 40 |
| 27 | D1 | **LOGELHEIM**: Kirche aus dem 19. Jh. mit altem Turm - schöne Fachwerkhäuser (16./19. Jh.) - Innenhof mit einem bemerkenswerten Taubenhaus aus dem 16. Jh. |
| 30 | D1 D45 | **SUNDHOFFEN**: s. Tour Nr. 40 |

| km | Strecke | Sehenswürdigkeiten |
|---|---|---|
| 34,5 | D45 D1 | **SAINTE-CROIX-EN-PLAINE**: ehem. Wehrdorf (13. Jh.) - Renaissance-Häuser - Brunnen - Kirche mit got. Turm und polygonalem Chor von 1551 - Marienkapelle mit got. Innenausstattung, Barockaltar und Schiff von 1830 - Rathaus (18. Jh.) |
| 38 | D1 D1b | **NIEDERHERGHEIM**: Runddorf in der Nähe der Ill - Bauernhöfe - neorom. Kirche |
| 41 | D8I | **OBERHERGHEIM**: Kirche (1844) mit got. Ziborium - alte Häuser |
| 42 | D8II | **BILZHEIM**: alte Häuser - Barockkirche aus dem 18. Jh. mit interessanter Ausstattung |
| 44 | D8II | **OBERENTZEN** |
| 54 | D8 | Rückfahrt nach **ROUFFACH** |
| | | *Fahrradverleih beim Verkehrsamt Rouffach* |

### *Die Ill - der wichtigste Wasserlauf der elsässischen Ebene*

*Die Ill ist mit ihren 217km der längste Fluß im Elsaß. Eine Besonderheit: Nur im ersten Drittel fließt sie durch ein Tal. Ganz in der Nähe ihrer Quelle am Glasenberg versickert sie außerdem zwischen Winkel und Ligsorf zweimal und kommt erst nach 400 bzw. 700m wieder zum Vorschein. Der weithin naturbelassene Fluß, der das Wasser sämtlicher Vogesenbäche aufnimmt, ist ein Refugium für viele Vogelarten (Eisvögel, Enten, Raubvögel).*

# 42 Rund um Rouffach/Rufach

## *Hardt-Tour*

— 81km —
— Eben —

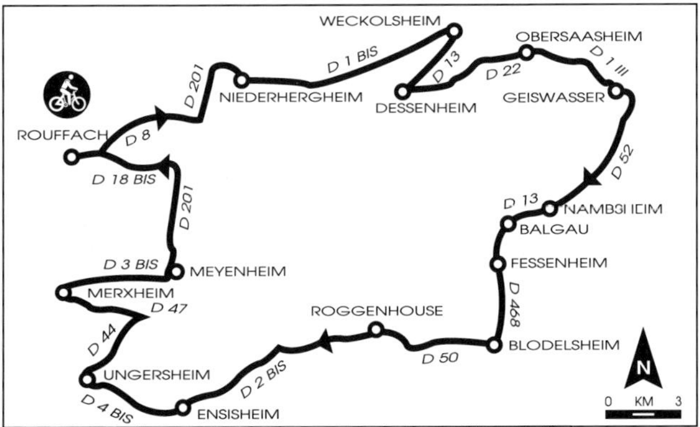


**Anfahrt mit dem Zug bis zum Bahnhof Rouffach**

| km | Strecke | Sehenswürdigkeiten |
|---|---|---|
| **0** | östl. Ortsausfahrt | **ROUFFACH/RUFACH**: s. Tour Nr. 39 |
| **10** | **D8 D201** | **NIEDERHERGHEIM**: |
| | **D1b** | s. Tour Nr. 41 |
| **22,5** | **D1b D13** | **DESSENHEIM**: s. Tour Nr. 40 |
| **28** | kl. Straße u. **D22** | **OBERSAASHEIM**: Kirche aus dem 14. Jh. mit Barockaltar |
| **32** | **D1III** | **GEISWASSER**: neobarocke Kirche - Kembs - Neuf-Brisach-Insel-Rheinauwälder |
| **37** | **D52 D13** | **NAMBSHEIM**: Kirche aus dem 19. Jh. mit neuem Turm - ehem. Adelsresidenz - alte Häuser |
| **39** | **D13** | **BALGAU**: s. Tour Nr. 40 |
| **41** | **D468** | **FESSENHEIM**: im Westen alte Römerstraße - Barockkirche von 1774 - alte Häuser - Museen (s. nachst. Begleittext) |
| **44,5** | **D468** | **BLODELSHEIM**: Fachwerkhäuser - Kirche von 1731 mit Silbermann-Orgel |
| **49,5** | **D50** | **ROGGENHOUSE**: Kirche von 1704 - Rhein-Rhone-Kanal |
| **57,5** | **D50 D2b** | **ENSISHEIM**: ehem. Regimentshaus der Österreicher (1540), heute Rathaus und Museum (Exponate zur Ortsgeschichte und |

| km | Strecke | Sehenswürdigkeiten |
|---|---|---|
| | | zum Kalibergbau) - Renaissance-Haus mit Erker - Gasthof zur Krone (1610) - Stadtmauern - ehem. Jesuitenkirche aus dem 17. Jh. |
| 60,5 | D4b | **UNGERSHEIM**: bekannt für sein Ökomuseum - Kirche von 1749 mit rom. Wehrturm, Heiligenfiguren aus dem 15. Jh. und einem Hochaltar aus der ehem. Abtei Pairis (18. Jh.) |
| 68 | D44 D47 | **MERXHEIM**: Barockkirche von 1772 mit rom. Turm, einem Grabstein von 1673 und einer barocken Madonna |
| 73 | D3b | **MEYENHEIM**: Kirche aus dem 18. Jh. mit rom. Turm (Brand 1981) - alte Häuser - mittelalterlicher Turmhügel (Weinberg) |
| 81 | D201 D18b | Rückfahrt nach **ROUFFACH** |

***Museen und Ausstellungen in Fessenheim***

- *Heimatmuseum der Hardt, 57, Rue de la Libération (im Sommer sonntags geöffnet)*
- *nationales Hydraulikmuseum im Wasserkraftwerk*
- *ständige Ausstellung zum Thema Atomenergie im Kernkraftwerk (Zutritt ab 14 Jahren nach Vorlage des Ausweises)*

# 43 Rund um Mulhouse/Mülhausen

## *Durch die Umgebung von Mulhouse/Mülhausen*

**— 65km —**
**— Leicht hügelig —**

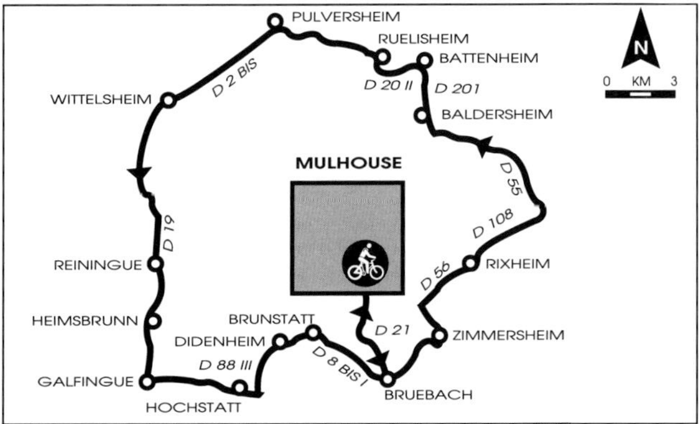


**Anfahrt mit dem Zug bis zum Bahnhof Mulhouse**

| km | Strecke | Sehenswürdigkeiten |
|---|---|---|
| **0** | südliche Ortsausfahrt | **MULHOUSE/MÜLHAUSEN**: südelsässische Metropole - bemaltes Rathaus (1552) - alte Häuser (Place de la Réunion) - ev. Kirche St. Etienne mit außergewöhnlichen Fenstern - zahlreiche technische Museen - Zoo - Reste der Stadtmauer und -tore |
| **6** | **D21** | **BRUEBACH**: Renaissance-Häuser und alte Winzergehöfte mit Weinkellern - Kirche mit Turm und rom. Chor (Glocke von 1418) |
| **8** | **D56** | **ZIMMERSHEIM**: Kirche von 1782 mit Turm aus dem 15. Jh. - Bauernhäuser - schöne Aussicht |
| **12** | **D56** | **RIXHEIM**: Renaissance-Häuser - neoklassizistische Kirche aus dem 18. Jh. mit got. Wehrturm und Barockaltar - von Bagnato erbaute ehem. Komturei des Deutschritterordens (1740) mit Tapetenmuseum (weltweit einzigartige Sammlung) |
| **21** | **D108 D55** | **BALDERSHEIM**: Kirche (18. Jh.) - Fachwerkhöfe |
| **23** | **D201** | **BATTENHEIM**: Kirche (18. Jh.) mit Satteldachturm (1503), Barockaltar und Wandgemälden - Kalvarienberg |
| **25** | **D20II** | **RUELISHEIM**: Kirche von 1783 mit Gemälden von Gutzwiller und Bulffer - Wandmalereien - Kreuzgang - Fachwerkhäuser - Wallfahrtskapelle Maria Eich (1704) - Rumänendenkmal (1. Weltkrieg) |

| km | Strecke | Sehenswürdigkeiten |
|---|---|---|
| 29 | | **PULVERSHEIM**: mod. Kirche (1968) - Rosenschloß |
| 34,5 | D2B | **WITTELSHEIM**: Berrichone-Brunnen - Fassade der Michaelskirche - Schulmuseum Jean Mermoz (nach vorh. Anmeldung) - Kalibergbaumuseum (s. nachf. Begleittext) |
| 42 | D19 | **REININGUE/REININGEN**: Fachwerkhäuser - Kirche von 1920 mit Reliquienschrein des hl. Romanus - Oelenberg-Kloster (im Westen) mit Kirche aus dem 15. Jh. und rom. Resten |
| 44,5 | D19 | **HEIMSBRUNN**: Kirche von 1772 mit schönem got. Inventar - Waldkapelle "Ramehey" - zahlr. Fachwerkhäuser (18./19. Jh.) |
| 46,5 | D19 | **GALFINGUE**: Kirche aus dem 18. Jh. mit seitl. Turm, Hochaltar, Kanzel und Taufbecken - alte Häuser |
| 51,5 | durch den Wald | **HOCHSTATT**: einige alte Häuser - Kirche von 1830 - röm. Reste (im Ortsteil Burg) |
| 53,5 | D8bIII | **DIDENHEIM**: alte Vogtshäuser und Pfarrhaus - Kirche von 1754 mit interessanter Ausstattung |
| 55,5 | D8b1 | **BRUNSTATT**: alte Häuser - Georgskirche (1872-1923) - Odilienkirche (1952) - Burnerkritz-Kapelle am südlichen Ortseingang - Hermannlöcher (Höhle) |
| 65 | D8b1 | **BRUEBACH** und dann Rückfahrt nach MULHOUSE |

*Fahrradverleih am Bahnhof Mulhouse*

### *Das Kalibergbaumuseum in Wittelsheim*

*Das Museum besitzt nicht nur eine interessante geologische Sammlung, sondern gibt auch einen Überblick über die Abbautechniken und -gerätschaften im Kalibergbau sowie das Alltagsleben und die Arbeit der Bergleute.*

*Das in der 212, Rue de Reiningue gelegene "Maison du mineur de potasse" ist von Ostern bis Allerheiligen jeden Nachmittag (außer dienstags), zwischen Allerheiligen und Ostern nur mittwoch und samstag nachmittags geöffnet.*

# 44 RUND UM MULHOUSE/MÜLHAUSEN

## *Durch den Hardt-Wald*

— 56km —
— Eben —

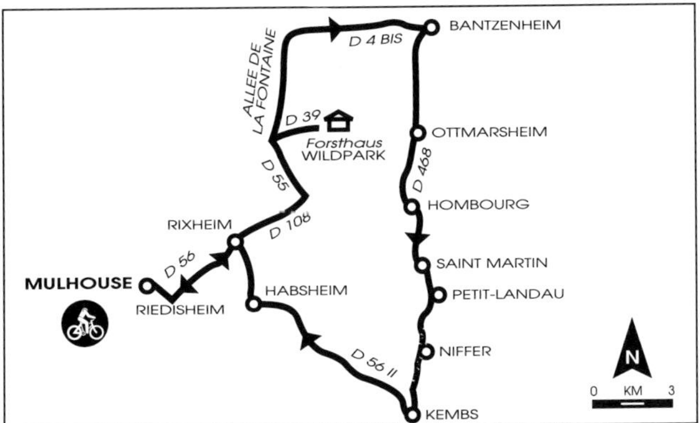


ANFAHRT MIT DEM ZUG BIS ZUM BAHNHOF MULHOUSE

| km | Strecke | Sehenswürdigkeiten |
|---|---|---|
| 0 | südliche Ortsausfahrt über Riedisheim D56 | **MULHOUSE/MÜLHAUSEN**: s. Tour Nr. 43 |
| 4 | kleine Straße links der D56 | **RIXHEIM**: s. Tour Nr. 43 |
| 12 | **D108 D55 D39** | **Abstecher zum Wildpark** Forsthaus Gruenhutte: Sikha-Hirsche aus Japan |
| 24 | Allée de la fontaine **D4b** | **BANTZENHEIM**: Kirche aus dem 18. Jh. mit Madonna (15. Jh.) - Chorgestühl aus dem Kloster Ottmarsheim (1700) |
| 28 | **D468** | **OTTMARSHEIM**: Fachwerkhäuser mit Erker - schöne rom. Kirche (11. Jh.) - Wasserkraftwerk |
| 31 | **D468** | **HOMBOURG**: Kirche aus dem 18. Jh. - neugot. Schloß (1902) - neumittelalterliches Schloß (Bauernhof) von 1930 |
| 33 | **D468** | **SAINT-MARTIN**: Kapelle - Weiler |
| 35 | **D468 D56** | **PETIT LANDAU**: Reste einer mittelalt. Burg aus dem 12. Jh. mit Doppelgraben (Buttenheim) - Kirche von 1753 mit Turm von 1772 und Altar des ehem. Kapuzinerklosters in Landser - Gemälde "Das Gelübde Ludwig XII." (1638) - Kapelle |

| km | Strecke | Sehenswürdigkeiten |
|---|---|---|
| 37 | D468 | **NIFFER**: neoklassizistische Kirche mit Barockaltar - Schleusengebäude von Le Corbusier |
| 39 | D468 | **KEMBS**: Wasserkraftwerk von 1932 - neoklassizistische Kirche aus dem 19. Jh. |
| 47 | D56II | **HABSHEIM**: Kirche von 1774 mit got. Turm und Inventar aus dem 18. Jh. - Rathaus von 1578 - Kapelle "Unserer Lieben Frau" (1493) mit Heiligenfiguren - Flugplatz (erster Flug 1910) |
| 50 | D66 | **RIXHEIM** |
| 54 | D66 | **RIEDISHEIM**: Vorort von Mulhouse mit Kirchen von 1839 und 1957 |
| 56 | | Rückfahrt nach **MULHOUSE** |

***Die Ottmarsheimer Stiftskirche***

*Die nach dem Vorbild der Aachener Pfalzkapelle errichtete Basilika - ein Schmuckstück der romanischen Baukunst - wurde 1094 von Past Leo IX. geweiht. Bis 1790 diente sie einem Benediktinerinnenorden als Abteikirche. Seit 1848 leben erneut aus der Schweiz gekommene Benediktinerinnen in dem Nebengebäude. Die sehenswerten, wertvollen Wandgemälde (14. und 16. Jh.) in der Kirche, die die vier Evangelisten und das Jüngste Gericht darstellen, wurden leider zusammen mit der ganzen Kirche bei einem Brand 1991 schwer beschädigt.*

# 45 Rund um Thann

## *Die Route Joffre*

— 48km —
— Gebirgig —

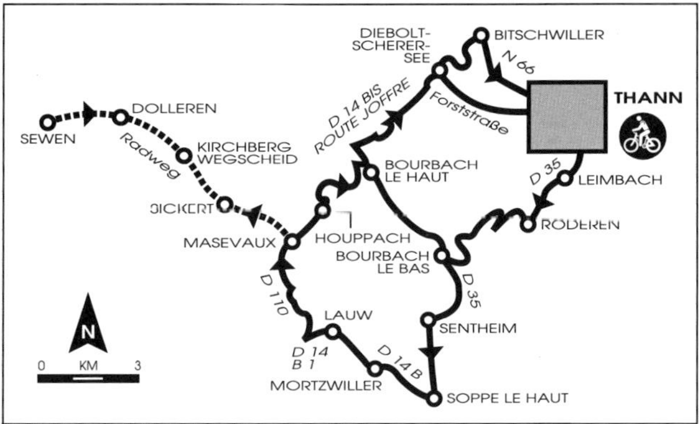


Anfahrt mit dem Zug bis zum Bahnhof Thann

| km | Strecke | Sehenswürdigkeiten |
|---|---|---|
| **0** | | **THANN**: got. Stiftskirche (Münster St. Thiébaut) mit Tympanon, Kanzel, Bildhauerarbeiten, Fenstern, Wandgemälden und Taufstein - Stadttore - ehem. Kornhalle (16. Jh.) - Renaissance-Brunnen - von Kleber erbautes Rathaus (17. Jh.) - Marsilly-Schloß (1620) - hist. Museum |
| **1** | **D36 D35** | **LEIMBACH**: Winzerdorf - Ruine der ehem. rom. Kirche - neumittelalt. Kirche mit Wandgemälden |
| **3** | **D35** | **RODEREN**: neugot. Kirche von 1861 - Friedhof mit Beinhaus von 1512 - altes Rathaus |
| **6** | **D35** | **BOURBACH-LE-BAS**: Straßendorf - Kirche von 1772 - Pflanzenlehrpfad - alte Kapelle |
| **8** | **D35 D466** | **SENTHEIM**: Kirche von 1779 - geolog. Informationszentrum - Schloß von 1864 mit Weißhirschgehege - Eisenbahnsammlung im Depot der Touristenbahn |
| **10** | kl. Straße am südl. Ortsausgang von Sentheim | **SOPPE-LE-HAUT**: Fachwerkhäuser - Kirche von 1768 mit Chor aus dem 15. Jh. und Barockaltar von 1769 |
| **12** | **D14bII D14b** | **MORTZWILLER**: Straßendorf - schöne Brunnen |
| **14** | **D14bII D14bI** | **LAUW**: Dollertaldorf - neoklassizistische Kirche (19. Jh.) - Blausee - Wolfsgrotte |
| **17** | **D14bI** | **MASEVAUX/MASMÜNSTER**: Kanonikerhäuser (18. Jh.) - Kirche |

| km | Strecke | Sehenswürdigkeiten |
|---|---|---|
| | Radweg am nordöstl. Ortsausgang (rechts der D466) | aus dem 18./20. Jh. - Pieta (16. Jh.) - zwei Orgeln (els. Orgelakademie) - Rathaus (18. Jh.) - ehem. Chor der Abteikirche |
| 19 | Radweg rechts der D466 | **SICKERT**: Kirchberg-Kapelle mit Heiligenfigur von 1716 |
| 22 | Radweg über Wegscheid | **KIRCHBERG**: 10m hohe Madonna von Bourdelle - Kirche (1844) mit got. Turm - ehem. befestigter Friedhof |
| 24 | Radweg | **DOLLEREN**: Dollerquelle - alte Bauernhöfe |
| 26 | Ende des Radwegs | **SEWEN**: Kirche mit Turm aus dem 13. Jh. und got. Schiff - Häuser (18. Jh.) - Kapelle - Friedhof mit Beinhaus (15. Jh.) - seltene, unter Naturschutz stehende Pflanzen im Alfeld- und Sewen-See (Torfmoor) - Seebach-Wasserfall |
| 35 | | Rückfahrt über Radweg nach **MASEVAUX** |
| 37 | **D14bIV** Route Joffre | **HOUPPACH**: Route Joffre (Joffre-Straße) - Brunnen aus dem 14. Jh. - Wallfahrtskapelle Heilig Kreuz |
| 40 | **D14bIV** | **BOURBACH-LE-HAUT**: Kirche von 1822 - Bergrennstrecke - Kapelle Klein Einsiedeln |
| 46 | **D14bIV** | **BITSCHWILLE-LES-THANN**: Kirche (19. Jh.) |
| 48 | **N66** oder Forststraße | Rückfahrt nach **THANN**<br>Von der Joffre-Straße (See Diebolt-Scherer) kann man über die Steinby-Forststraße (bemerkenswerte Bäume) nach Thann zurückfahren |

***Die Seen und Weiher im Dollertal***

*- Der Alfeld-Stausee (620m) ist 255m lang und besitzt die größte Gewölbestaumauer des Elsaß. In der Nähe liegt außerdem ein unter Naturschutz stehendes Torfmoor mit hochinteressanter Flora.*

*- Der Sewen-See (501m) befindet sich als einziger in einem Gletschertal. Die Pflanzenwelt an seinem Ufer ist sehr bemerkenswert und steht ebenfalls unter Naturschutz.*

*- Der Lachtelweiher (740m) - Zufahrt über Strueth - liegt am Fuße des Bärenkopfs (Seerosen).*

# 46 Rund um Altkirch

## *Die Sundgau-Weiher*

**— 38km —**
**— Leicht hügelig —**

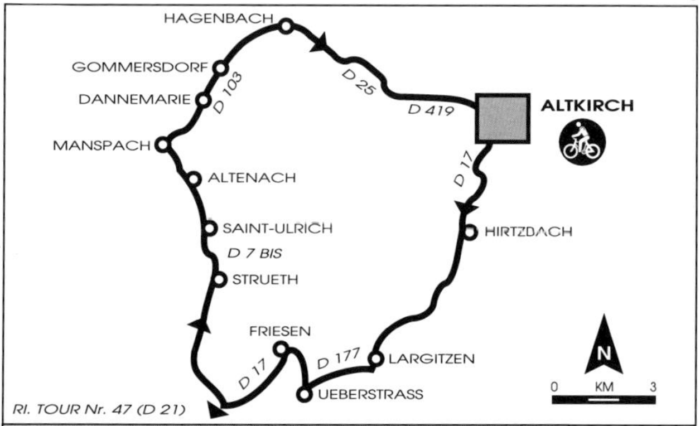


**Anfahrt mit dem Zug bis zum Bahnhof Altkirch**

| km | Strecke | Sehenswürdigkeiten |
|---|---|---|
| 0 | | **ALTKIRCH**: auf einem Hügel gelegenes Städtchen mit Stadttor, Stadtmauer und Renaissance-Häusern - von Kleber erbautes Rathaus - neurom. Kirche mit Gemälden von Dauphin, Henner und Oster - Spital mit Kapelle von 1886 und Grabmal von St. Morand, Skulpturen und Tympanon aus dem 12. Jh. - ehem. Mazarini-Residenz mit Wappen und altem Turm - Heimatmuseum - Medizinmuseum |
| 4 | D17 | **HIRTZBACH**: sehr schöner Blumenschmuck und Park - Fachwerkhäuser - Schloß aus dem 18. Jh. - Kirche von 1834 (Gemälde und Chor) - St. Afra-Kapelle (1741) mit barockem Inventar |
| 9 | D17 | **LARGITZEN**: ehem. römischer Verteidigungsposten - neoklassizistische Kirche - Friedhofskapelle mit Sakramentsnische (1464) - Weiher |
| 11,5 | D17I | **UEBERSTRASS**: Johanneskapelle (15. Jh.) - Fachwerkhäuser - Weiher |
| 13 | D7b | **FRIESEN**: Kirche von 1771 mit Barockinventar - alte Häuser - Weiher |
| 18 | kleine Straße | **STRUETH**: Fachwerkhäuser - Kapelle aus dem 15. Jh. mit Wandgemälden - Weiher |

| km | Strecke | Sehenswürdigkeiten |
|---|---|---|
| 19 | D7b | **SAINT-ULRICH**: schöne Fachwerkhäuser - Kirche aus dem 20. Jh. mit got. Chor (13. Jh.) - interessante Sakristeitür - Freiheitsbaum (1848) - Weiher |
| 21 | D7b | **ALTENACH**: Kirche von 1810 - Fachwerkhäuser - Barbarakapelle - Weiher |
| 23 | D7b | **MANSPACH**: neurom. Kirche (1867) - mittelhalt. Tumberg - Fachwerkhäuser (17.-19. Jh.) |
| 25 | D103 | **DANNEMARIE**: Eisenbahnviadukt (1858) - Kirche aus dem 19.Jh. mit Turm von 1725 - Bauernhöfe - Weiher |
| 26 | D103 | **GOMMERSDORF**: schöne Fachwerkhäuser - Kirche von 1770 |
| 28,5 | D103 | **HAGENBACH**: alte Häuser - Kirche (1779) |
| 38 | D25 D419 | Rückfahrt nach **ALTKIRCH** |

***Die Weiher im Sundgau***

*Die Weiher in dieser Gegend werden vor allem für die Zucht von Karpfen und Schleien genutzt.*
*Die größten sind der Niederweiler-Weiher (10ha) bei Obermorschwiller, der Gerschwiller-Weiher (7ha) und der Tschallweiher bei Pfettershouse, der Niederweiher in Altenach (7ha) und der Weiher in Elbach. Zahlreiche Teiche gibt es auch in Friesen (Oberwald).*

# 47 RUND UM ALTKIRCH

## *Erweiterte Weiher-Tour*

**— 32km —**
**— Leicht hügelig —**

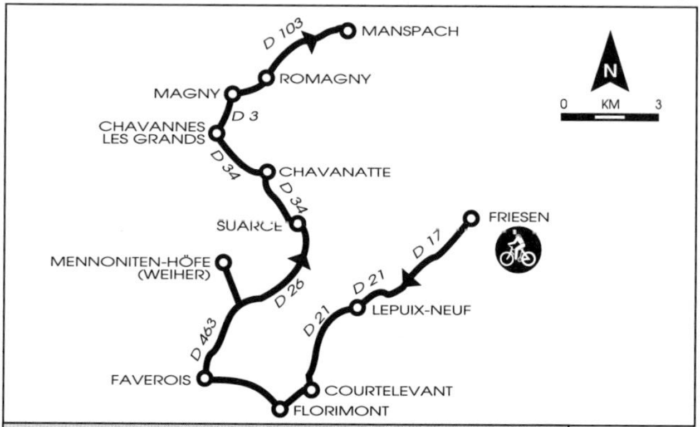


**ANFAHRT MIT DEM ZUG BIS ZUM BAHNHOF ALTKIRCH**

*Ausgangspunkt Friesen (Tour Nr. 46)*

| km | Strecke | Sehenswürdigkeiten |
|---|---|---|
| 0 | D17 | **FRIESEN**<br>(Grenze zum Departement Territoire de Belfort) |
| 5 | D17 D21 | **LEPUIX-NEUF**<br>Kirche (20. Jh.) - Weiher , u.a. der große Bans-Bois-Weiher |
| 8 | D21 | **COURTELEVANT**<br>alte Häuser und Kirche aus dem 16. und 19. Jh. mit einer Kanzel und einem Taufstein aus dem 18. Jh. - Mühlenmuseum (Mühle aus dem 14. Jh.) - Weiher |
| 9 | D21 | **FLORIMONT**<br>alte Fachwerkhöfe - Friedhof mit Turm der alten Kirche - Kirche aus dem 19. Jh. mit bemerkenswerter Kanzel aus dem 18. Jh. - Reste der Burg mit wiederaufgebautem Bergfried - Weiher |
| 12 | D21<br>N463 | **FAVEROIS**<br>Herrenhäuser - Kirche (18. Jh.) mit interessantem Inventar - Weiher - Missionskreuz (18. Jh.) |
| 17 | D26<br>Route Porchy | **MENNONITENHÖFE - FOURCHU-WEIHER - GROS ETANG**<br>Lichtung mit Höfen und Kultstätte - Mennonitenfriedhof - Weiher |

| km | Strecke | Sehenswürdigkeiten |
|---|---|---|
| 23 | D26 | **SUARCE**<br>üppiger Blumenschmuck - Fachwerkhäuser - Rundkirche (20. Jh.) - Weiher |
| 25 | D34 | **CHAVANATTE**<br>kleine Gemeinde ohne Kirche - Weiher |
| 27 | D34 | **CHAVANNE-les-GRANDS**<br>Kirche (20. Jh.) - Weiher (Grenze zum Departement Haut-Rhin) |
| 28 | D3<br>D103 | **MAGNY**<br>kleines Dorf ohne Kirche in einer französischsprachigen Gegend - Bauernhäuser |
| 29 | D103 | **ROMAGNY**: neoklassizistische Kirche (19. Jh.) - Fachwerkhäuser |
| 32 | D103 | In **MANSPACH** Anschluß an die Tour Nr. 46 |

***Die Mennoniten oder Anabaptisten***

*Es handelt sich hier um die Mitglieder einer Anfang des 16. Jh. in der Gegend von Bern (Schweiz) gegründeten puritanischen Glaubensgemeinschaft. Die nach eigenen Methoden arbeitenden Landwirte leben meist auf abgelegenen Höfen im Elsaß, in Lothringen und in der Umgebung von Montbéliard. Ihre Betriebe haben Modellcharakter. Da es nur wenige Pfarrer gibt, werden die jeweiligen Gemeinschaften von einem Prediger oder einem älteren Mitglied geleitet. Die aus der Reformation hervorgegangene Kirche lehnt jede Form der Gewalt ab. Zahlreiche Mennoniten leben heute auch noch in den Niederlanden und in den USA.*

# 48 Rund um Altkirch

## *Der östliche Sundgau*

— 46km —
— Leicht hügelig —

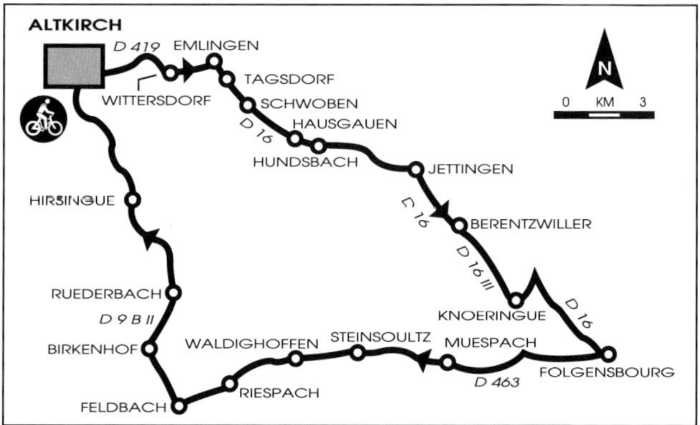


**Anfahrt mit dem Zug bis zum Bahnhof Altkirch**

| km | Strecke | Sehenswürdigkeiten |
|---|---|---|
| 0 | östl. Ortsausgang | **ALTKRICH**: s. Tour Nr. 46 |
| 3 | D419 | **WITTERSDORF**: neorom. Kirche (19. Jh.) mit bemerkenswerten Gemälden - Fachwerkhäuser - alte Mühle |
| 4 | kleine Straße parallel zur D419 | **EMLINGEN**: Kirche aus dem 18. Jh. - alte Häuser - Kalvarienberg - alte Mühle |
| 5 | D19b | **TAGSDORF**: Kirche von 1893 - Bauernhäuser - Kalvarienberg |
| 6 | D16 | **SCHWOBEN**: schöne Fachwerkhäuser |
| 8 | D16 | **HAUSGAUEN**: Kapelle St. Brice - Kalvarienberg - Fachwerkhäuser |
| 9 | D16 | **HUNDSBACH**: Kirche von 1777 mit bemerkensw. Kanzel und Feuerstein-Gemälde - Fachwerkhöfe - altes Pfarrhaus (17. Jh.) - Widen-Kapelle |
| 11,5 | D16 | **JETTINGEN**: Fachwerkhäuser (18./19. Jh.) - Kirche aus dem 19. Jh. mit Sakramentsnische von 1478 - Friedhofskapelle mit Barockchor der alten Kirche |
| 13 | D16 | **BERENTZWILLER**: Kirche von 1789 - Fachwerkhäuser |
| 16 | D16 | **KNOERINGUE/KNÖRINGEN**: einer der schönsten Sundgau - Orte Kirche (1608) mit got. Chor und barockem Inventar |
| 21 | D16III<br>D16 | **FOLGENBOURG**: Zollbuechel (mittelalt. Turnberg)-schöne Bauernhäuser - Kirche von 1775 mit Ausstattung aus dem Kloster St. Appolinaire - St. Appolinaire-Gut |

| km | Strecke | Sehenswürdigkeiten |
|---|---|---|
| 25 | D463 | **MUESPACH**: Kirche von 1843 - Bauernhäuser - Kalvarienberg - herrliches Panorama (Gutzwillerhof) |
| 27 | D463 | **STEINSOULTZ**: schöne Fachwerkhäuser - Kirche von 1790 mit Orgel (18. Jh.) - Fenster und Barockinventar aus Metzerlen (Schweiz) |
| 29 | D463 | **WALDIGHOFFEN**: Reste der alten got. Kirche (15. Jh.) in der neuen Kirche von 1905 (Barockaltar und Gemälde von 1746) - Jeanne d'Arc-Statue |
| 32 | D463 | **RIESPACH**: Kirche von 1785 - alte Bauernhöfe - Kultstätte der Anabaptisten |
| 34 | D463 | **FELDBACH**: kleines Dorf mit rom. Kirche (ehem. Gotteshaus eines Cluny-Klosters) - Zehntscheune - Prioratshaus (1542) - schöne Bauernhöfe |
| 36 | D9bII | **BIRKENHOF**: Kapelle - Anabaptisten-Bauernhof (s. Tour Nr. 47) |
| 38 | D9bII | **RUEDEBACH**: Kirche von 1845 mit Pieta und anderen Barockfiguren - alte Häuser |
| 42 | D9b<br>kl. Straße nordwestl. von Hirsingue nach Altkirch | **HIRSINGUE/HIRSINGEN**: von Ritter erbaute Kirche (1772) mit Barockaltar und Reliquienschrein von St. Fortune - schöne Fachwerkhäuser (17./19. Jh.) - Kapelle - Friedhof mit got. Beinhaus |
| 46 | über die Burgerwald-Straße | Rückfahrt nach **ALTKIRCH** |

***Die Bauernhäuser im Sundgau***

*Im Unterschied zu den anderen elsässischen Gebieten sind die Bauernhöfe im Sundgau Einhäuser, d.h. die Wohn- und Wirtschaftsgebäude befinden sich unter einem Dach. Die Fachwerkbauten sind oft mit Andreaskreuzen oder Lebensbäumen geschmückt. Ins Auge fallen auch die geschnitzten und datieren Eckständer sowie der bunte Anstrich.*

# 49 Rund um Saint-Louis/St. Ludwig

## *Im Dreiländereck*

**— 45km —**
**— Leicht hügelig —**

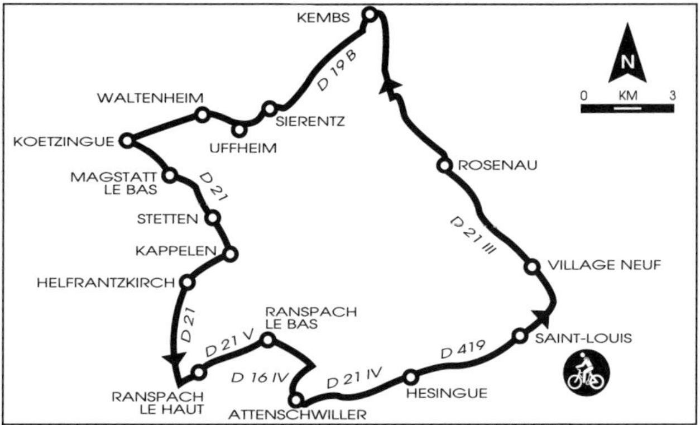


Anfahrt mit dem Zug bis zum Bahnhof Saint-Louis

| km | Strecke | Sehenswürdigkeiten |
|---|---|---|
| 0 | nordöstl. Ortsausgang | **SAINT-LOUIS/ST. LUDWIG**: neoklassizistische Kirche von 1842 - alte Häuser - Naturschutzgebiet "Kleine Camargue" mit Fischweihern und Napoleon-Bauwerken - Pflanzenlehrpfad - Ausgangspunkt zu einem Abstecher nach Basel (s. nachst. Begleittext) |
| 2 | D21III | **VILLAGE-NEUF**: Ende des 17. Jh. entstandener Ort - neugot. Kirche - Kanzel - Heimatmuseum |
| 6 | D21III | **ROSENAU**: neorom. Kirche (19. Jh.) - alte Fachwerkmühle |
| 12 | D21III | **KEMBS**: Kirche aus dem 19. Jh. - Wasserkraftwerk (1932) |
| 18,5 | D19b | **SIERENTZ**: Kirche von 1836 - Häuser aus dem 16. Jh. |
| 20 | D19b | **UFFHEIM**: alte Anwesen und Mühle aus dem 18. Jh. - |
| | D21b | Kirche von 1829 mit got. Turm, bemerkenswertem Altar und Wandgemälden - Kalvarienberg aus dem 18. Jh. |
| 21 | D19b | **WALTENHEIM**: Kirche aus dem 19./20. Jh. - Bauernhöfe |
| 23 | D19b | **KOETZINGUE**: Runddorf - Renaissance- und Fachwerkhäuser - neugot. Kirche |
| 25 | D21 | **MAGSTATT-le-BAS**: Fachwerkhäuser (17. Jh.) - Kirche (1627) mit got. Chor, Heiligenfiguren und einer Sakristei von 1621 |
| 27 | D21 | **STETTEN**: Kirche aus dem frühen 18. Jh. mit älterem Turm und Barockinventar - Fachwerkhöfe |

| km | Strecke | Sehenswürdigkeiten |
| --- | --- | --- |
| 28 | D21 | **KAPPELEN**: üppiger Blumenschmuck - ehem. Kirche (18. Jh.) auf dem Friedhof - Fachwerkhäuser - Wolfgangskapelle mit Wandmalereien im nordwestlichen Teil des Orts |
| 30,5 | D21 | **HELFRANTZKIRCH**: Fachwerkhöfe - Kirche von 1832 mit got. Tabernakel und Gemälden |
| 34 | D21<br>D21IV | **RANSPACH-le-HAUT**: Fachwerkhäuser - Kirche von 1773 mit Barockinventar (schöne Kanzel) |
| 36 | D21IV | **RANSPACH-le-BAS**: alte Bauernhöfe - Kirche von 1866 - Ölberg in einer künstlichen Grotte (19. Jh.) |
| 39 | D419<br>D16IV | **ATTENSCHWILLER**<br>neorom. Kirche von 1878 - Fachwerkhäuser |
| 43 | D21IV<br>D473 | **HESINGUE**: Fachwerkhöfe (17./19. Jh.) und eine wunderschöne Mühle - Kirche von 1773 mit Wandgemälden, Altar und barocken Statuen |
| 45 | D419 | Rückfahrt nach **SAINT-LOUIS** |

***Basel - eine interessante Stadt vor den Toren des Elsaß***

*Basel ist vor allem für seinen herrlichen Zoo bekannt, der als Ergänzung zu dem in Mulhouse gesehen werden kann. Wußten Sie jedoch, daß es in Basel und Umgebung nicht weniger als dreißig Museen gibt? Ein Muß für jeden Radfahrer ist dabei natürlich das Sportmuseum. Es besitzt 40.000 Exponate, die wechselweise gezeigt werden, so z.B. eine außergewöhnliche Zweiradsammlung mit Michaux-Rädern aus dem Jahre 1870. Von Mai bis Oktober organisiert das Museum außerdem Ausflüge mit Hochrädern ins Umland. Das Museum befindet sich in der Missionsstraße 28 und ist täglich von 14 bis 17 Uhr geöffnet. Der Eintritt ist frei. (Tel.: 061/251221).*

# 50 Rund um Ferrette/Pfirt

## *Der elsässische Jura*

— 62km —
— Gebirgig —

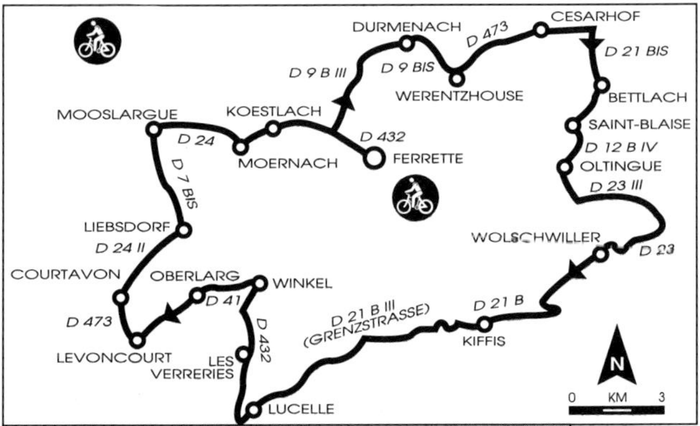


**Anfahrt mit dem Zug bis zum Bahnhof Altkirch**

| km | Strecke | Sehenswürdigkeiten |
|---|---|---|
| 0 | | **FERRETTE/PFIRT**: Kirche aus dem 13. Jh. (ehem. Kloster) - Rathaus von 1752 - Renaissance- und Fachwerkhäuser - Freiheitslinde (1830/1848) - Hohenpfirt mit Oberschloß (12. Jh.) und Unterschloß (15. Jh.) -Zwergengrotte - schöne Aussicht |
| 1 | D432 | **VIEUX-FERRETTE/ALT-PFIRT**: Rossberg mit Aussichtsturm - alte Stein- und Fachwerkhäuser - spätgot. Kapelle von 1686 mit Barockinventar |
| 6 | D9 bIII | **DURMENACH**: Kirche von 1835 - alte Häuser - Flachslanden-Herrenhaus (1694) - alter jüdischer Friedhof - Lärchenwald |
| 8 | D9b | **WERENTZHOUSE**: neorom. Kirche (1863) |
| 13 | D473 | **CESARHOF**: Eichwald |
| 15 | D21b | **BETTLACH**: alte Bauernhöfe - ehem. Römerstraße - Buchenwald |
| 17 | D12bIV | **SAINT-BLAISE**: Kirche aus dem 18. Jh. |
| 18 | D12bIV | **OLTINGUE**: neoklassizistische Kirche von 1830 mit Callinet-Orgel und Madonna aus dem 15. Jh. - Bauernhöfe - ehem. Hauptkirche St. Martin (Friedhof) - Heimatmuseum in einem schönen Gebäude - südlichstes elsässisches Weinanbaugebiet |
| 22 | D23III | **WOLSCHWILLER**: Kirche von 1782 mit teilweise rom. Turm - Kapelle St. Johann Nepomuk (17./19. Jh.) - schöne Bauernhöfe, z.B. der Rittimat-Hof (1752) an der Schweizer Grenze - Wälder |

| km | Strecke | Sehenswürdigkeiten |
|---|---|---|
| 28 | D23 | **KIFFIS**: Kirche aus dem 18. Jh. - Klösterli-Kapelle und Hof - Reste der Burg Blochmont (13./15. Jh.) |
| 36 | D21bD21bIII Grenzstraße* | **LUCELLE/LÜTZEL**: höchstgelegene Gemeinde des Sundgau (700m) - ehem. Kloster (Tor) - Kirche (20. Jh.) |
| 38 | D41 | **LES VERRERIES**: Langlaufloipen |
| 40 | D41 | **WINKEL**: Illquelle - Kirche von 1783 mit Altar des Klosters Lützel - Wallfahrtkapelle Warth mit altem Chor |
| 42 | D41 | **OBERLARG**: Largue-Quelle - Kirche aus dem 18. Jh. - vorgesch. Behausung (Felsenhöhle) - Mühle von 1787 - Burg Morimont (13. Jh.) - Vignancourt-Herrenhaus (Renaissance) |
| 44 | D41 | **LEVONCOURT**: spätgot. Kirche - Laurentiusstatue (Kapelle) |
| 46 | D473 | **COURTAVON**: Renaissance-Häuser - neugot. Kirche (1865) - Grabsteine (Vignancourt) - Chor der ehem. Kirche in der Friedhofskapelle |
| 49,5 | D473 | **LIEBSDORF**: Kirche aus dem 19. Jh. - Ruinen der 1356 durch ein Erdbeben zerstörten Burg - Mennoniten-Bauernhof und -Friedhof |
| 53 | D24II D7b | **MOOSLARGUE**: Heiligenfigurgen aus dem 15. Jh. in der Kirche (1848) - Fachwerkhäuser - alte Mühle - Lützelweiher |
| 56,5 | D24 | **MOERNACH**: neoklassizistische Kirche (1804) |
| 57,5 | D473 | **KOESTLACH**: Kirche von 1745 mit rom. Turm, bemerkenswertem Inventar, Heiligenfiguren und Wandmalereien - alte Häuser |
| 62 | D473 D432 | Rückfahrt nach **FERRETTE/PFIRT** über **VIEUX-FERRETTE/ALTPFIRT** |

** Ausweis erforderlich*

***Die Höhlen und Grotten im elsässischen Jura***

*Das Kalksteinmassiv des Sundgau ist mit zahlreichen Höhlen und Grotten durchsetzt. Die bekanntesten sind die Dr. Herings-Grotte, die Silex (Feuerstein)-, die Zollinger-, die Michel- und die Chapelet(Rosenkranz)-Grotte in Oberlarg sowie die Höhlen in Durlinsdorf und Sondersorf. Die Kaibenloch-Grotte befindet sich in der Nähe des Ortsteils Neuhof in Lützel und die Fluhberg-Höhle an der Grenze bei Kiffis. Die Kohlberg-Höhle liegt oberhalb von Winkel. Weitere Grotten gibt es in Salhof (Kiffis), in Lützel (Malou) und in Ligsdorf (Reinbach).*

## Schicken Sie uns Ihre Tourenvorschläge!

*Radwandern findet immer mehr Anhänger. Die Zahl der ausgeschilderten und getesteten Strecken ist jedoch noch sehr gering. Um das Informationsangebot für Radtouren im Elsaß zu erweitern, wenden sich die Herausgeber der "DNA-Taschenführer" deshalb direkt an die Radfahrer.*

*Schicken Sie uns Ihre Tourenvorschläge, Angaben zu Ihren Lieblingstouren, die auf angenehme Art und Weise Sport und Tourismus miteinander verbinden. Sie können diese Angaben auf den nachfolgenden Seiten eintragen und uns zukommen lassen. Die schönsten Touren werden prämiert und veröffentlicht.*

---

**GUIDE POCHE DNA**
Editions La Nuée Bleue
3, rue Saint-Pierre le Jeune
67000 STRASBOURG

---

# MEINE TOURENVORSCHLÄGE

Ausgangspunkt ______________________

Schwierigkeitsgrad: ☐ Eben ☐ Gebirgig
☐ Leicht hügelig
☐ Hügelig

| km | Strecke | Sehenswürdigkeiten |
|---|---|---|
| | | |
| | | |
| | | |
| | | |
| | | |
| | | |
| | | |
| | | |
| | | |
| | | |
| | | |
| | | |
| | | |
| | | |
| | | |

# MEINE TOURENVORSCHLÄGE

| km | Strecke | Sehenswürdigkeiten |
|---|---|---|
| | | |
| | | |
| | | |
| | | |
| | | |
| | | |
| | | |
| | | |
| | | |
| | | |
| | | |
| | | |
| | | |
| | | |
| | | |

Name ____________________ Vorname ____________________

Adresse ________________________________________

________________________________________

____________________ Tel. ____________________

Unterschrift ________________________________________

# MEINE TOURENVORSCHLÄGE

Ausgangspunkt ______________________________

Schwierigkeitsgrad: ☐ Eben ☐ Gebirgig
☐ Leicht hügelig
☐ Hügelig

| km | Strecke | Sehenswürdigkeiten |
|---|---|---|
| | | |
| | | |
| | | |
| | | |
| | | |
| | | |
| | | |
| | | |
| | | |
| | | |
| | | |
| | | |
| | | |
| | | |
| | | |

# Meine Tourenvorschläge

| km | Strecke | Sehenswürdigkeiten |
|---|---|---|
| | | |
| | | |
| | | |
| | | |
| | | |
| | | |
| | | |
| | | |
| | | |
| | | |
| | | |
| | | |
| | | |
| | | |
| | | |

Name ______________________ Vorname ____________________

Adresse ______________________________________________

_____________________________________________________

____________________________ Tel. _____________________

Unterschrift ___________________________________________

# Meine Tourenvorschläge

Ausgangspunkt ______________________________

Schwierigkeitsgrad: ☐ Eben ☐ Gebirgig

☐ Leicht hügelig

☐ Hügelig

| km | Strecke | Sehenswürdigkeiten |
|---|---|---|
| | | |
| | | |
| | | |
| | | |
| | | |
| | | |
| | | |
| | | |
| | | |
| | | |
| | | |
| | | |
| | | |
| | | |
| | | |

# Meine Tourenvorschläge

| km | Strecke | Sehenswürdigkeiten |
|---|---|---|
| | | |
| | | |
| | | |
| | | |
| | | |
| | | |
| | | |
| | | |
| | | |
| | | |
| | | |
| | | |
| | | |
| | | |
| | | |

Name ______________________ Vorname ____________________

Adresse __________________________________________________

__________________________________________________________

______________________________ Tel. ______________________

Unterschrift ______________________________________________

# MEINE TOURENVORSCHLÄGE

Ausgangspunkt ______________________________

Schwierigkeitsgrad: ☐ Eben ☐ Gebirgig
☐ Leicht hügelig
☐ Hügelig

| km | Strecke | Sehenswürdigkeiten |
|---|---|---|
| | | |
| | | |
| | | |
| | | |
| | | |
| | | |
| | | |
| | | |
| | | |
| | | |
| | | |
| | | |
| | | |
| | | |
| | | |

# Meine Tourenvorschläge

| km | Strecke | Sehenswürdigkeiten |
|---|---|---|
| | | |
| | | |
| | | |
| | | |
| | | |
| | | |
| | | |
| | | |
| | | |
| | | |
| | | |
| | | |
| | | |
| | | |
| | | |

Name ______________________ Vorname ____________________

Adresse ____________________________________________

____________________________________________

______________________________ Tel. ____________________

Unterschrift ____________________________________________

Printed in France – D.L. : 07/1994 – Nr 7-94-0900